现代博物馆陈设与文物保护研究

朱云玲 著

北方文艺出版社
哈尔滨

图书在版编目(CIP)数据

现代博物馆陈设与文物保护研究 / 朱云玲著 . -- 哈尔滨：北方文艺出版社, 2024.4
ISBN 978-7-5317-6184-6

Ⅰ.①现… Ⅱ.①朱… Ⅲ.①博物馆 – 陈列设计 – 研究②博物馆 – 文物保护 – 研究 Ⅳ.①G26

中国国家版本馆CIP数据核字(2024)第 077896 号

现代博物馆陈设与文物保护研究
XIANDAI BOWUGUAN CHENSHE YU WENWU BAOHU YANJIU

作　者 /	朱云玲		
责任编辑 /	张　戎	封面设计 /	左图右书
出版发行 /	北方文艺出版社	邮　编 /	150008
发行电话 /	(0451)86825533	经　销 /	新华书店
地　址 /	哈尔滨市南岗区宣庆小区1号楼	网　址 /	www.bfwy.com
印　刷 /	廊坊市海涛印刷有限公司	开　本 /	787mm×1092mm　1/16
字　数 /	200千	印　张 /	7
版　次 /	2024年4月第1版	印　次 /	2024年4月第1次印刷
书　号 /	ISBN 978-7-5317-6184-6	定　价 /	98.00元

前言

随着社会经济的发展以及科学技术水平的提高,加上人们对博物馆文物保护意识逐渐增强,且对文物保护与管理提出了更高的要求,相关技术研究人员纷纷对博物馆文物相关保护措施进行了探索与研究,从而以保障博物馆文物得到有效、科学的保护,从而以延长博物馆文物的存在时间。博物馆作为具有影响力的社会媒介,其陈设艺术已成为当今社会一种独特的文化传播方式,同时也引导着人们的审美标准,甚至成为国家综合国力间竞争的重要元素之一。为此,博物馆展陈方式的推陈出新、满足观众需求、注重博物馆本质的教育职能、对博物馆文物更好的保管与保护皆是身为博物馆相关工作人员不容置疑的义务。

博物馆是社会一定的政治、经济和文化的产物,更是体现国家综合国力的象征。博物馆作为人类社会发展到一定阶段的重要产物,集聚了人类历史文明的精华。现代博物馆除了能够体现当代现实作用之外,还能够向遥远的时空延续人类的记忆与思维等。而为了更好地展示博物馆的工作成果,可以采取多媒体展馆陈列的方式,我们在研究如何保护博物馆物品时还需要通过这种方式来展示成果。

近年来,各界对文物的关注度逐渐提升。文物代表着一种历史文化,特别是对于博物馆中的文物,需要实施综合管理,必要时还可以采用文化保护理念作为工作思想,从而科学性地加强对文物陈设的有效管理。

博物馆作为人类文化、历史遗产的聚集地,是国家文化软实力的集中体现。而文物展示是博物馆工作的核心环节。因此,现代博物馆应该不断创新管理模式,明确文物保存标准,提高工作人员的责任意识,利用互联网形成全面式沉浸体验,强化博物馆在文化宣传中的重要作用。但由于文物种类较为繁杂,在实际文物保护过程中存在诸多问题,管理人员要明确文化遗产对于文化自信的重要性,提高文物的研究价值,提高基层人员的工作素养,采取多种养护措施保护文物。博物馆在文物保护和管理中发挥了重要的作用,对文物的保护做出了突出的贡献,但是也存在着一些不足之处,这就需要结合文物保护的需求和博物馆的发展,对文物保护和管理工作进行改革和创新,进而开辟现代博物馆文物保护与管理的新道路。

目 录

第一章 博物馆陈设设计形式风格定位 ··················001
- 第一节 构筑符合主题内容的、生动优美的形式风格 ·······001
- 第二节 个性化表现手段的应用 ·······························002
- 第三节 提炼本馆特色鲜明的文物图像为风格象征 ·········002
- 第四节 拒绝奢华设计和过度装修的浮躁之风 ···············003

第二章 博物馆陈设艺术设计的要点与步骤 ············004
- 第一节 博物馆陈设艺术设计特点与内容 ·····················004
- 第二节 博物馆陈设艺术设计的准备工作 ·····················005
- 第三节 博物馆陈设艺术方案设计 ·····························007

第三章 博物馆陈设设计的实施与布展 ··················017
- 第一节 博物馆陈列布展实施要求 ·····························017
- 第二节 博物馆陈列布展施工安全及防火安全要求 ·········021
- 第三节 博物馆陈设工程施工安装、布展程序 ···············025

第四章 博物馆文物的分类与定级 ·························027
- 第一节 博物馆的文物分类 ······································027
- 第二节 博物馆的文物定级 ······································033

第五章 博物馆文物的鉴定与修复 ·························040
- 第一节 博物馆文物的鉴定 ······································040
- 第二节 博物馆文物的修复 ······································056

第六章 博物馆文物的保护 ···································067
- 第一节 博物馆藏品管理纲要 ···································067
- 第二节 博物馆藏品清点与登记 ································069
- 第三节 合作保护与预防性保护 ································074
- 第四节 环境监测与控制 ···079

第五节 材料测试 ···087

第六节 储藏原则与实践 ·····································089

第七节 操作、包装和移动物品 ·····························096

第八节 抢救性保护 ···099

参考文献 ···103

第一章 博物馆陈设设计形式风格定位

第一节 构筑符合主题内容的、生动优美的形式风格

一个博物馆的陈列形式风格,与该博物馆所属类型、与博物馆的建筑风格密切相关。社会历史类博物馆,要着力于严谨、科学的格调和历史文化的氛围。而在现代建筑与古旧建筑中的博物馆陈列,可以有较强现代感或浓郁历史感两种不同的形式风格。

造型艺术类博物馆,在符合自身专业服务功能要求的前提下,或构筑成欣赏古典艺术的殿堂型或借助老工业厂房营造成怀旧型,或者设计成在前卫建筑中的现代艺术型等不同的风格特色。

舒适的参观环境对于一个博物馆的形式风格,也有着重要影响。除了陈列设计规整、布局洁净之外,陈列的主色调及光环境也非常重要,通常洁净的冷灰色调,适度的光照,观众视觉不易疲劳,且能愉悦身心。

不同类型、不同历史、不同文化背景、不同地区以及不同主题的博物馆陈列,应当根据自己的内容特色,营造属于自己的特殊文化氛围及舒适的环境。故宫博物院过去的陈列展览虽被称作"文物加前言"式的陈列:展厅开头是固定的大画框,每次更换陈列时,换一幅用裱宣(裱过的宣纸)新写好的前言裱上去,把文物陈列到展柜中,这个陈列就算完成了。虽然这种陈列方式不完善,但是它却有着非常鲜明的、属于自身特色的形式风格。[①]

根据不同类型、不同主题的博物馆陈列,保留并彰显它们的个性、特色,是当代设计师捍卫荣誉和必须承担的使命与责任。

---

① 赵鹏. 论博物馆当代陈列设计形式[J]. 文化月刊. 2018(8):148-149.

第二节 个性化表现手段的应用

博物馆的陈列形式,除了整体的风格之外,一些面貌性部分,如版面形式、展品布置及表现手段等,与博物馆整体风格有着明显的关系。为此,我们应当注意如下几点。

博物馆的陈列,应当严格掌握文物与辅助展品的主次、轻重关系,把重心放在突出自身文化内涵与馆藏文物的特色上,凸显本馆风格特色。选择成熟的多媒体传播技术为表现本博物馆陈列内容量身打造("嫁接""杂交"、移植)恰当的辅助表现手段。[1]

博物馆辅助展品的创作,应尽量探索、筛选与陈列的内容时代相同或相近的绘画、雕塑作品,即运用"同一风格"的艺术语言来进行"有根据"的二次创作。不仅能够加强"辅助"内容的表现力,也能大大增强自身陈列形式的历史特色。

第三节 提炼本馆特色鲜明的文物图像为风格象征

提炼本馆个性特色鲜明的文物图像,作为形式设计中的符号、标志,对于强化本馆的形式风格很有帮助,同时,也能强化"品牌"意识。标志性形象的设计,难度非常大,它不仅需要判断所选文物形象和特征是否具有代表性,还需要设计者具有高度概括、捕捉形象特征和塑造简洁、美感形象的能力。完成的标志形象要便于记忆,引人喜爱,过目难忘。[2]

序幕部分形成的形式风格,对博物馆陈列的整体感起着极为重要的作用。设计者要运用具有本馆标志性的形象,在整体结构中的序幕、部分、单元、组的形式设计中,如交响乐一样,有"主题"的"重复""发展""再现",以形成鲜明的整体特色。

---

[1]王奇志.博物馆个性化发展的思考[J].文博学刊,2020(01):54-56.
[2]刘捷.博物馆文物藏品数字图像的版权保护[D].兰州:兰州理工大学,2019.

第四节 拒绝奢华设计和过度装修的浮躁之风

在博物馆的设计活动中,一些奢华的设计、过度地装修、过度地使用高档材料成了一种风尚。我们应该防止这种风气,确保展品的安全和设备的实用性即可。[1]

例如承载、展示、保护陈列品的功能展柜、展具,它使用的材料应当是无霉、无蛀、安全的;结实耐用、不对展示品形成"喧宾夺主"的。

但是有这样一些状况,例如:文物的支架、台座原是为突出文物、调节观众视距等而设置的,它应当不张扬、不对文物形成喧宾夺主;不反光,避免产生眩光;防滑动,保持一定摩擦系数(防止文物展品滑脱)等。但是,大部分博物馆的陈列设计存在过度地使用光滑的材料、过度精细地加工的情况,使文物台座的精致程度远远超过它所应衬托的文物。这样容易淹没掉各家博物馆陈列本应有的个性风格,且存在安全隐患,与博物馆的宗旨、功能背道而驰。

有的陈列设计项目,不切实际地跟风,广泛使用诸如电子翻书、垂直投影、半景画、全景画或大型景观等,在一定程度上也破坏了博物馆的风格特色。

---

[1] 李馥颖. 博物馆陈列展示中民族文化的探索与研究[D]. 沈阳:沈阳理工大学,2008.

第二章 博物馆陈设艺术设计的要点与步骤

博物馆陈列形式艺术设计是在特定的空间——展厅中进行的,是一门跨学科的综合艺术设计。它是伴随着人类历史文化、自然、社会、经济与科技的发展逐渐形成的。博物馆陈列形式艺术设计不同程度地折射出一个时代,并渗透着一个国家和地区的历史、文化、经济、科学技术水平以及社会意识形态的诸多方面。从世界范围来看,博物馆陈列形式艺术设计的未来发展,将更加注重文物展品的保护与解读,将更具有信息化、专业化、多元化、创新化、电子化以及绿色、可持续发展的特点。本章主要涉及博物馆陈列形式艺术设计:设计什么、如何准备、如何设计及注意哪些事项四大问题。

第一节 博物馆陈设艺术设计特点与内容

一、博物馆陈列形式艺术设计特点

博物馆陈列艺术形式设计的表现,有着自己独有的特点,归纳起来,有以下四个方面的特点。

博物馆陈列形式艺术设计是在特定的空间——展厅中进行的,是一门多学科的综合艺术设计。

博物馆陈列设计师的设计思维,包括空间布局、艺术风格与形式、色彩、照明、材料、工艺、结构等的筹划与设计。

博物馆陈列艺术形式设计虽然称之为"陈列艺术",但又不属于"纯艺术"。博物馆陈列形式艺术设计的形象思维活动自始至终要受理性思维的制约,必须服务于博物馆文物与展品的陈列展示,并向公众传播信息、知识和提供审美鉴赏。因此它具有双重思维、综合多种艺术表现的特点。[1]

在博物馆展厅内,观众的信息、知识和趣味,是通过在展厅中不断移动获取的,是在四度空间里实现的综合视觉艺术。参观者随着位置与时间的改变,能够获得深化的更多信息。因此,我们也把博物馆陈列形式艺术称为"四度空间艺术"。

二、博物馆陈列形式艺术设计项目内容

博物馆馆前区、公共空间、观众服务等陈列设施与环境设计。

博物馆陈列厅基础装修设计。

陈列厅总平面、总立面、空间艺术设计。

陈列的总体、序幕、部分、单元、导视、说明牌等系列艺术设计。

展品的陈列保护、展示艺术设计。

陈列设备、设施、陈列柜艺术设计。

陈列艺术品、场景、景观、重点与现代高科技技术应用等辅助展品的艺术设计。

陈列采光照明设计。

陈列方案深化设计与施工图制作。

陈列经费预算。

陈列形式艺术设计方案汇报文件(包括文案)的设计与制作等。

参与陈列方案实施阶段的调整、修改。

工程进度、展品布置等现场组织工作。

第二节 博物馆陈设艺术设计的准备工作

一、依据陈列大纲熟悉展品

在博物馆陈列准备工作之初,首先要依据博物馆陈列的主题及大纲,准确把握内容,熟悉展品及其特点。

明确了陈列方案设有哪些内容之后,设计师即将进入准备工作阶段。

---

[1]现代博物馆陈设与博物馆发展[M]. 北京:中国商务出版社,2019.

陈列方案设计的准备工作应从两个方面入手：首先，是对大纲、内容设计提示做进一步研究，即我们面对的目标观众群与一般观众群。需要以什么样的艺术语言突出这一陈列主题及内容。如果形式设计人员能参加前期的主题策划和内容设计，就会比较容易解决，因为前期已对观众的需求有了比较可靠的调研数据；其次，比照陈列大纲，设计师应该深入探寻计划展出的文物、展品、标本、文献之间的内在联系，为营造文物与观众间最佳的对话形式，做足准备，同时还要对它们的形态、保存状况、能否展出（有些藏品需提前修复、清洁）等做最后的确认，并要特别关注某些文物，如织物、衣饰类、重心较高易碎类、足部残弱欠稳类等展品的陈列设备有哪些特殊要求。

准确掌握陈列大纲所要求各个部分、单元陈列的重点和亮点：景观与场景复原的数量、尺度大小、重量等。因为形式和内容的统一，是准确表达陈列主题的重要环节，内容和形式相辅相成，不可分割。同样的文物，在文物库房的藏品柜中和在陈列厅中给人们的认识与审美感受是不一样的。原因就是，前者是孤立游离的，而后者——文物展品已经融合进陈列艺术的设计中，它在一定的陈列主题范围内，在一定的形式结构与艺术氛围中展示自身价值与内涵。同一个陈列项目采用不同的艺术设计方式，会产生不同的陈列效果。

二、技术方面的准备

当前国内较大型博物馆的陈列设计与制作，一般要经过招标、投标程序。设计师要根据标书的要求，即"设计任务书"的要求，在一定的时间内完成方案设计，并按照规定的程序进行公开投标。因此，设计师在进行博物馆陈列形式艺术设计之前，无论是投标或接受委托设计，都要做好一系列的准备工作。

必须依据博物馆招标标书或委托设计方设计任务书的要求，读懂。熟悉任务书等文件，了解文件中的各项要求，核定设计文件是否齐全，包括陈列大纲、文物与展品资料、建筑图纸与建筑环境资料等；明确设计要求的范围，如有疏漏，设计方案不完备，一切努力会在评标会上被判为"废标"而无缘参与该项目。[①]

[①]王峭.博物馆展陈设计的形式与空间布局研究[J].艺术品鉴.2021(15):120-121.

设计前,设计者一定要亲临展厅勘查现场,认真对现场客观条件和环境进行实地考察。因为在建筑设计与实际施工过程中,常常会出现与建筑图不相符的情况。实际建成的展厅,粗装修之后的尺寸,会与设计图存在较大差异。在现场不明白的问题,应该及时向有关方咨询,并以书面的形式知会委托方。

一定要参加建筑师答疑的相关会议,这是公开招标活动中不可缺少的组成部分。通过此活动,陈列设计人员可就研读建筑图遇到的问题如展厅层高、地面荷载、承重墙的位置、精确的长宽面积、柱网、出入口以及展厅水电(强弱电)、消防、安防、空调管网布线、设备占用空间面积、采光等,请建筑师给予解答、澄清。

提炼选定标志性展品或有代表性的图形和纹饰作为主题的信息符号,以便在总体设计中作为形式母体,成为设计中具有个性特色的代表性艺术语言。

以上各项均需在实际准备过程中列表记录,分项实施。每落实完成一项都应记录在案,做到轻重缓急,有条不紊,心中有数,有的放矢。

第三节 博物馆陈设艺术方案设计

充分的准备工作完成之后,即可进入方案设计阶段:依据陈列大纲和标书的要求,设计者要以相应、贴切的艺术形式,准确、恰当地表现内容,使形式与内容达到浑然一体,营造出完美的展示环境氛围。方案既要满足实用功能,又要保障展出安全,力求经济合理。博物馆陈列形式艺术设计的表现形式偏重装饰美,偏重外在形式的特点,所以在设计中处理好陈列内涵和外部形式的关系至关重要,即要根据陈列大纲系统、科学、艺术地完成展厅陈列分区、文物布局、总平面、总立面、空间设计图等工作。设计要围绕展品和观众,解决展厅内一系列实用、功能性问题,最后,完成形式设计方案的效果图。[①]

[①]周千仟. 博物馆陈列空间的展示设计研究[J]. 文艺生活. 2020(35):210-211.

一、博物馆陈列形式艺术设计首先要处理好的几个关系

博物馆陈列艺术设计与陈列内容的关系。

博物馆陈列艺术设计与观众的心理、人性化服务的关系。

博物馆陈列艺术设计与陈列厅建筑的关系。

博物馆陈列艺术设计与陈列厅消防、安防的关系。

博物馆陈列艺术设计与文物、标本陈列和科学保护的关系。

博物馆陈列艺术设计与施工材料选择应用的关系。

博物馆陈列艺术设计与陈列经费的关系。

博物馆陈列与绿色、可持续发展的关系。

二、博物馆陈列总平面布置与观众参观路线设计

博物馆陈列厅内的一切物体或结构物的截面或顶部,在一个水平面上的正交投影的形状称为"平面",按照制图规范绘出的该平面称为平面图。平面图是一种俯视"地图",从中可以看到展厅特定空间的全貌。总平面布置是博物馆陈列艺术设计的根本,一个成熟的设计师在依据博物馆建筑图纸进行总平面布置时,图纸体现出来的是设计师的一种复合思维。

(一)陈列布局

陈列大纲、序幕、各部分、单元及主要辅助展项均恰当安排在建筑平面、空间之中。

总平面要落实,体现全部展品、展项的位置。

总平面布置要设计合理的观众参观路线、舒适的参观环境。

总平面图形成的过程中,陈列的立面、空间组合、主要材料、特殊结构、工艺技术甚至所需资金等,应同时考虑在内。

(二)平面图与观众参观路线设计

依总体布局,设计者要根据展厅出入口位置与分区的不同,以顺时针走向合理设计观众参观路线,观众参观路线通道宽度不能小于2.5米。为克服眩光的产生,陈列空间宽度设计不应小于6米。同时还要考虑合理、通畅的文物运输通道,便捷的观众消防安全疏散出口。

1.时序与动线

博物馆展厅中的时序是展示空间的秩序,体现了展示内容的前后顺序。参观者在展厅中的活动路线称为动线。展厅中的时序与动线的确定

需要保持陈列整体的连续性，根据陈列内容顺序、展厅空间分隔，科学地安排动线走向。

2.通道与安全

参观路线设计是依据展厅空间分割进行设计的，展厅空间分割则依据陈列内容而设计。平面布置要便于观众进出陈列室，方便参观，避免人流交叉，遇到紧急情况便于人流疏散，在一般情况下，根据说明文字自左向右排的特点设计参观路线，按照顺时针的方向设计时序与动线。同时，平面设计还包括出入口、序厅，展厅与展厅之间的过道、楼梯间，消防、安全通道等，风格上都要与原有建筑保持统一和谐。

(三)还需注意几个问题

有的博物馆展厅设置可能无法直接安排顺时针走向，则需要设计师巧妙利用展墙、展项、制造一些折返路线。

有些展厅格局会出现"主、副线"，应当利用设计减少"副线"，避免造成观众参观走向混乱及多走冤枉路的现象。

参观路线不得形成"断头路""回头路"，避免在窄小空间中形成死角式参观环境，造成小空间中的拥堵。

玻璃地面、起伏地面、下沉式展陈方式均不利观众顺畅通行，当发生拥堵时易出事故，应尽量少使用。

三、陈列厅基础装修设计

博物馆陈列厅基础装修，主要指博物馆室内的墙、顶、地三大部分的装修。因为博物馆陈列的绝大部分展示实体均布置在地面、墙面与空间，而这些展示内容在灯光照射下，会把陈列厅的"墙、顶、地"推到陈列展项后一层次的灰暗空间中，属于观众的次注视面。据此，博物馆陈列厅的基础装修一定要遵循下列原则。

墙、顶不张扬、不奢华，需牢固、稳定。博物馆陈列厅墙、顶、地的材料与工艺，还要考虑公共空间的噪声因素，要调节、控制陈列厅内各种音响的音量与方向，力争工作人员的讲解不出现回声，降低、控制人多嘈杂形成的多次反射音，避免形成噪声污染。

地面不应太光滑、不要产生眩光，且应易于清洁。陈列地面设计，主要表示展厅地面用材品种、色彩、质感、肌理、规格及实施效果，以图纸加说明文字形式表示。

陈列厅顶棚,又称天花或天棚,是展厅空间的顶面部分。根据做法的不同,可分为直接式顶棚与悬吊式顶棚。悬吊式顶棚又分为上人顶棚和不上人顶棚。陈列厅吊顶,又称陈列厅悬吊式顶棚,是悬吊在展厅结构层下的顶棚。其主要功能是遮挡陈列厅顶部不宜暴露的结构和设备。顶棚的造型、大小、标高、构造及灯具、配套设施的位置(风口、烟感、喷淋等)型号等,均应详尽提供文字说明和技术要求。

因为可选择的材料比较多,所以博物馆陈列厅墙、顶、地设计,设计师应该要求相关施工单位或供货商,提供适合本项目规格、经费、供货周期等多种要求的样品,选用合适的材料。

四、博物馆陈列方案设计步骤

总体、序幕、部分、单元、组、辅助展品展项的形式艺术设计应依据陈列大纲,做好展厅平面、空间的合理布局及功能的分类;在整体合理的原则下,进行博物馆陈列形式方案的系列设计;把握整体,推敲局部,层层深入,环环相扣;在功能布置合理的同时,注意设计陈列形式美的问题,宏观上使各功能区域达到均衡;运用主次、均衡、呼应、对比、节奏等形式美规律,使博物馆陈列的形式艺术美与功能技术美有机统一。

(一)博物馆陈列设计创意

博物馆陈列形式艺术设计的创意,包括两项内容:①博物馆展厅空间中陈列内容形式设计的创意。②博物馆陈列艺术设计中辅助展品,艺术品的创意。

(二)博物馆陈列空间设计

博物馆展室空间的分隔设计是根据陈列大纲的内容和陈列文物、展品的多少,以及博物馆的基本建筑情况和设计规范、视觉艺术的美学规律等进行分隔设计的。其目的是使参观者在有限的展厅空间环境内,在参观过程中移步换景有张有弛,不断地获得新鲜感,延续参观兴趣。

博物馆展室空间的分隔设计要根据不同的陈列主题设计,要富于变化,有顺序,有疏密,有节奏,有藏露,有收放,有曲直,同时又有明确的导向性。

博物馆展室空间的分隔设计要注意每一空间陈列段首与下一段首之

间衔接点的设计。这个衔接点可能是一个过庭、一个小庭院、一段走廊，也可能是一个过渡与空白地带。利用这个衔接点设计观众休息、放松空间。这个位置在空间划分上相对来说虽然是独立的，但又必须是互有联系的，在整体设计上起承前启后的作用。

博物馆展室空间的分隔设计可以充分利用室内各种建筑小品（建筑中的漏窗、隔断、护栏、屏风、柱网等）组织模糊空间，使陈列空间的分隔透而不通、隔而不断，借此实现空间引导。同时，注意展厅建筑本身的柱网设计处理，根据陈列需要利用或隐藏遮蔽，使观众能够在自由宽松舒适的陈列环境中有序地参观。

以轴测图检测陈列空间博物馆陈列厅轴测图是透视学术语，当投形线不垂直于形面时，物体的投形是轴测图。轴测图是展厅的三维表达形式，它的图像呈现的是立体三维图像，因此，更具有直观的表现力。它既可以帮助设计者推敲方案，又能够帮助非专业人士理解设计图。在轴测图上可以看到立方体的三个面，有一定的立体感和直观感。沿轴的方向具有度量性，有准确的尺度参考价值。

（三）博物馆陈列序厅设计

序厅设计一定要从三度空间来组织造型，要求墙面、地上、顶面与空间的物象三者和谐统一。序厅的序幕部分，是博物馆凝聚陈列主题的地方，也是观众走进陈列厅获取第一印象的地方，同时又是吸引、激起观众参观兴趣的地方。它需要简明形象、引人入胜的形式语言。

同时，博物馆陈列序厅又是观众的集散枢纽，观众不宜在这里停留过长时间，所以，它的功能应当是点明主题，引导观众进入下一步的陈列空间。因而序幕的形式语言不宜过于复杂，为点明主题，可以用标志性展品具象化表现，也可以用写意手法营造氛围。

序厅设计还要注意：①序厅中央空间实体造型设计要慎重，要注意序厅中心位置的主控气氛。②序厅场地中物象组合表现宜整体、概括、单纯、简洁与大气。③序厅设计不要拘泥于壁画、雕塑、景观、场景与多媒体LED大屏幕等"通用型"形式语言，要进行多种形式设计探索，创作要有新意。

(四)博物馆陈列厅形式方案设计

陈列序厅设计确立了整个陈列的风格与形式语言,陈列厅的形式方案设计则是序厅艺术形式的延续和发展。陈列厅形式设计包括:①设计理念与总体构思,序幕、展厅、部分、单元的立意。②陈列厅的分隔、功能设计与装饰风格。③博物馆展厅色彩与采光照明设计。④博物馆展厅场景等大制作、主要科技手段、重点展项、展品及细部等系列设计。⑤主要用材、技术措施以及经费、工期控制等。

五、博物馆陈列艺术系列设计步骤

整体方案完成之后,即进入总体形式艺术的系列设计阶段。

(一)博物馆陈列公共空间设计

在博物馆陈列艺术设计时要注重安全问题,公共空间更应当强调安全标准第一。公共空间的标志要醒目、标准,规范,风格应与建筑协调一致。观众服务区的功能,设施、环境应当体现博物馆与大众亲和的氛围,应当是观众舒缓心境、补充体力、满足消费的去处。

公共空间与服务设施设计包括:①公共空间与设施,视频放映区、休息区;②服务设施,残疾人服务设施、多功能厅、资料室、会议室、贵宾接待室、数字信息拓展室、纪念品店、饮品店(咖啡、冷饮、茶)。

(二)辅助展品设计

辅助展品,顾名思义就是辅助性的展品。在陈列展品不能全面深刻揭示主题内涵的情况下,博物馆陈列设计最常用的手段就是借助"辅助展品"。不过,设计师在选择辅助展品时,首先要充分追求"辅助"的功能,它们是为陈列、展品辅助服务的;其次要考虑展线、空间条件,往往吸引人的地方最易形成观众拥堵等安全隐患。此外,还要考虑初期的造价及之后的运行成本。项目的易损、返修率及运行费用都是需要设计师认真把控的。

辅助展品从功能上可分为如下各类。

1.物品原貌、历史事件再现类

展品展示图、示意图、地图、绘画、雕塑、场景、景观、沙盘、模型、仿真人像、遗址原状复原、展品复、仿制、文物复、仿制、动植物标本。

2.科技手段

互动、参与类,投影,动漫,影视,幻影成像,数字,复合技术(为特定内容需要而量身打造的复合技术DMAX影院、穹幕影院),交互技术。

(三)陈列基本设备、设施设计

展厅基本设备、设施设计要按照博物馆陈列设计的整体要求,体现整体风格的系列性和延续性,并依其各自功能要求进行针对性设计。陈列设备主要是起着区隔空间、张挂展板、支承陈列,并保护展品、服务观众等的作用。它们的存在应当不张扬、不干扰、不争夺观众视线,并要遵循牢固、安全、经济、合理的原则,材料、工艺也要体现低碳、绿色、环保。有的设备还应具有可以一物多用或一定组合的可逆性,大致类别如下。

陈列设备设计展墙、展架、展柜、台座、支架、馆标、导视,文物说明牌、海报、图录、导览图册。

(四)博物馆陈列版面设计

版面设计的艺术技巧,首先要运用黄金分割的规律,确定版面的长、宽比,再综合绘画构图、书籍装帧、图案结构等艺术形式,运用主次疏密、节奏韵律、变化统一等手法,把标题、图片、文字非常讲究地结构其中,无论它单独或连续排列,都应体现出是一幅完整的艺术设计。博物馆陈列文字说明的三级标题也非常重要。首先,它可以在连续的版面中分清陈列形式上的"眉目",在内容上分出结构、层次。其次,观众如果没有时间细读冗长的文字说明,三级标题很容易使他们看清主题的框架。所以博物馆陈列三级标题与它们构成的段首单元的起始版面,需要依据整体的形式艺术语言精心设计。

博物馆陈列版面色彩的运用也极为讲究,版面色调需与陈列整体色调和谐,更需谨慎使用色彩,勿在庞杂的图文之外给观众的视觉添"乱"。彩色图片的图像色彩差异大,集中排列会显得十分"闹",需要用较强的整体感来加以控制。

博物馆陈列版面、展品说明文字及文字大小,要以观众在一定距离内毫不费力看清为据。此外,为增加博物馆陈列版面文字的艺术魅力,设计师也可在陈列设计中使用经过精心设计的美术字。

(五)博物馆文物与展品的展示设计

文物展品陈列是博物馆陈列展示最重要的面貌,是观众走进博物馆的主要看点,关系到这项陈列的整体风格面貌和档次格调。博物馆展品布置的形式艺术设计,其命脉之一是组合文物,它是与观众形成"对话"、向观众解读它的文化历史内涵、引发观众参观兴趣、提高观众审美情趣的主要"据点"。所以,"陈列"文物绝对不是把文物往展柜的台座上一放这么简单。设计师须依据陈列大纲,对每一件、每一组及整体的文物展品的陈列,预先进行精心地设计,还要利用讲究的照明、与展品和谐的台架、精致的"章法"(展柜空间内的"构图"),突出表现展品的内在联系和艺术感染力。某些展品还可借鉴其原有的存置状况进行布展,以增强观众身临其境的展示效果,还可运用标本密集式的方法,以特性展柜打破"标准"展柜的布陈方式,丰富展线节奏。或者,设计师可在局部借用艺术类博物馆的展陈手段,单件、单柜陈列,局部地突出文物的艺术美感。以上种种,对于增加陈列展线节奏,丰富表现形式及突出重点、亮点展品,都是可以参考、交替使用的手段。

(六)陈列设计中材料的选择与应用

博物馆陈列展览使用的材料,因其部分制作与建筑装修工程相类似,除特别部分之外,基本上都是我们常见的材料:石材、木材、金属、织物、纸张、玻璃、油漆、涂料、合成材料等。但是,博物馆陈列工程的用材,因其直接关系到公众的活动空间,又直接关系到无法再生的文物标本等展品,其稳定、安全、环保、牢固、经济等要求,是极其严格的。随着科技发展,新的材料不断问世,其很多性能克服了自然材料的弱点,不断被引入博物馆工程中。这是一件体现与时代同步的好事,但设计师一定要掌握的原则是:①一定要选用经过市场检验,属于稳定"成熟"的材料和工艺技术,博物馆不宜使用"最新""为该博物馆第一次使用"的材料和技术。②凡是施工单位提供选择的材料,必须同时要求提供经国家相关部门正式开具的检测报告,并对报告进行验证。③遇到有疑惑而又无替代品的材料时,要创造条件,先行在相似环境中进行严格试验检测,得到一定的可靠数据之后再做决定;如若使用,还应定时观察,并备妥应急预案。④地域性突出的博物馆陈列工程,应适当选择有当地地域性的材料和工艺,以增强陈列的艺术效果和个性特色。⑤对于空气过度干燥或含湿、含盐度较高地区,在材料的选择上,要考虑其耐受性,并在工艺上进一步采取防护措施,以提高保险度。

(七)博物馆陈列色彩设计

博物馆陈列色彩设计的基本任务,就是依据陈列大纲、展厅建筑装饰或地域的特点,运用色彩设计增强陈列的美感和艺术感染力,渲染出优美、舒适的展示氛围。因为博物馆陈列内容庞杂,展品图片体量不一,它们具有各自色彩的无规律性、整体性。所以,博物馆陈列所使用的色彩,要慎之又慎。总体而言,为了主题或为突出某个重点内容要求,需要创造烘托一定的环境氛围,可以借助绘画、图案的色彩语言、描绘、渲染,以强化内容的感染力、震撼力或精气神。而对于陈列的整体而言,色彩的运用应当强调整体感,同一个陈列的色彩不宜过多。要体现形式设计在变化中求统一的总体效果。同时要考虑到观众在陈列厅需要长时间、专注地观看展品、景观、视频的状况,不分散他们的注意力,不易造成他们的视觉疲劳,营造赏心悦目的环境,更应该是色彩设计的关键。因此,设计师需要关注以下几点:①博物馆陈列的色彩设计,总体上应当使用安静、和谐、统一的色彩。②在陈列文物、标本等展品的柜架区域,要避免造成影响展品固有色的环境色彩因素,以保证观众获取准确的展品信息。③在色调上,应选择间色(二次色),避免使用复色(多次色,易浑浊)。④应以偏冷、灰调做环境色(偏冷色视觉不易疲劳,有增加距离的感觉)。⑤为打破过度统一可能形成的单调感,可以局部适度运用具有补色关系的对比、色彩明度的对比,或以虚实相衬的办法加以解决。⑥灯光对于色彩的影响较大,色彩设计需要考虑直接照明及环境灯光影响的因素。

(八)博物馆陈列厅采光照明设计

人类的视觉习惯接受自然光或接近自然光的色温,即自天顶投光的照明方式。因为这种上部投射光的方式会使自然色温下的物体显色准确,被照射的形体显得饱满。因此,博物馆的照明设计的理想原则应当是:以上部投射为主,滤去自然光的有害光(或类似自然光)照明。但是,在博物馆那么大的组合空间中,获得这样理想的光源几乎是不可能的。于是,最大限度地采集、利用自然光,结合人工光作为补充,在传感器的调控下,使陈列空间始终处于安全、充分、稳定的光照之中,是最为理想的追求。

博物馆陈列照明设计还需掌握如下原则。

博物馆陈列照明需要重视、珍惜、充分利用自然光,要营造舒适健康的光环境与艺术氛围,增强文物展品、辅助展品的感染力。统筹设计博物馆陈列照明。博物馆陈列照明还需对光照形成的光斑、阴影进行控制性设计，不是照"亮"就可以。

光导纤维照明曾经是被大面积推崇的灯具，但易老化、热度高，散热要求高，灯具寿命短。因此，环保、节能、稳定、耐用、安全的LED灯具，是最理想的选择。

要防止设计中滥用照明灯具，不仅会增加能耗、增加维修环节，还会造成对观众眼睛的伤害且影响参观。

使用展柜底光照明要慎重，因为柜底采用的透明材料光滑，摩擦系数低，与其上的透明有机玻璃台座形成硬碰硬的接触，极易滑动，而给文物造成安全隐患。底光还产生自下而上直射观众眼睛的眩光，干扰观众的视线，形成"光污染"。

博物馆展品陈列的照明设计，与一般的展览最大的不同，就是要准确传递文物展品的信息，最大限度地保护文物，最大限度地还原其本来的色彩面貌（显色性、色温，敏感、非常敏感展品的红外线、紫外线及总曝光量的控制），并使其不会因照明不当而加快损坏。

六、博物馆陈列艺术设计效果图绘制

博物馆陈列形式艺术设计完成之后，把设计方案变成可供评审、鉴赏的图样，是陈列艺术设计师的另一项重要工作。其表现方法有多种：手绘效果图、陈列效果模型、电脑效果图和多媒体表现等。由于电脑效果图有接近真实形态的三维表现力，因此，在博物馆陈列形式艺术设计中应用较为普遍。但作为构思阶段的创意设计，手绘效果图有着无可替代的作用。其表现形式有：素描、水彩、水粉、喷绘、马克笔等。每一种形式都有特定的技法与优点。

博物馆陈列形式艺术设计方案的图纸，其所示尺度、透视效果等应当准确、真实，不可利用电脑技术变化其视角、机位，把一些实际上难以达到的效果"做"出来。

第三章 博物馆陈设设计的实施与布展

博物馆的陈列布展是博物馆陈列设计成果的最后体现。无论多么具有创新理念构思,无论有多么成功的陈列内容设计和多么完美的形式设计,也无论有多么精美、珍贵的藏品,都需要通过最终的陈列布展,才能得以展现。博物馆的陈列布展工程,与建筑装修工程有共同之处,但它关注密集观众群参观时的安全和那些不可再生的"极为珍贵"展品的安全,这是它最特殊之处。这种"安全"的要求,首先要依赖于规范的工艺设计,此外在材料的选择上、工艺、结构的运用上,以及制作的工艺上,在满足安全第一的前提下,还有更高的审美要求。在陈列设备方面,它们必须与珍贵、精美的展品相衬,更要满足与高科技的安全保障系统实现无缝结合。

第一节 博物馆陈列布展实施要求

博物馆的陈列布展工程,是一项繁复而又要求很精细的工程。其特点是工程复杂、工期紧、经费紧。以新建馆为例:基础建设工程、基础装修工程规律性地制约甚至干扰陈列布展工程,陈列大纲、展品的准备、辅助展品的相互对接,以及消防、安防工程与陈列布展设施的协调等,这是一个庞杂的系统。因此,它的施工、布展陈列要有严密的组织和计划,既要按顺序进行,又需要巧用运筹学原理,把组织工作做到实处。这种有组织有计划的施工布展安排,是为保证多种科目先后顺序衔接或齐头并进或交叉进行而设置的。它不但能节省施工时间,重要的是要保证施工布展的安全,杜绝出现安全事故。

一、博物馆陈列布展实施组织安排

博物馆陈列布展是一项科学的、有序的、配套的、涉及各个方面的系统工程。

实施之前的组织安排非常重要,同时也是必不可少的。科学的有序的组织实施,是完成博物馆陈列设计布展的保证。

博物馆陈列设计组,负责着整个博物馆陈列设计及实施布展的全部工作。当设计方案进入实施阶段之后,陈列设计师要在总体设计的统领下,组成陈列施工组,完成下一步的工作:陈列施工组负责向施工技术人员、施工管理人员及项目负责人、工长等,就施工图的各个方面进行交接、沟通。这是一项复杂、细致的工作,尤其对于博物馆陈列布展工程,其中的非标项目:艺术品如绘画、雕塑等以及其他高科技、高性能展项穿插其中,其相互之间的衔接、渗透、牵制关系的处理,要特别重视。完善、清晰、科学、准确的施工组织计划,是保证博物馆陈列布展工程按质、按期完成,并使经费可控的根本保证。①

(一)做好图纸交底工作

请施工方充分理解具有特殊要求的博物馆陈列施工图,是未来的博物馆陈列实施工程的依据,是陈列委托方、总体设计、评审专家经历艰苦努力完成的设计成果,是布展能否达到预期效果的根本保证。该项工作需要相互理解、有效沟通,形成整体。

(二)博物馆陈列施工组

陈列施工组另一项重要工作就是协调施工方案局部调整、监督施工、检查施工质量、落实施工进度。它的重要工作任务是:①负责招标、考察、确定施工单位。②为现场布展的施工单位提供施工用电、用水等必要的帮助。③协调布展施工期间出现的与展馆方有关系的问题。④与设计组一起现场检查、核准施工项目、落实施工进度、检查施工安全。⑤在施工之前将全套图纸上报当地消防局、公安局备案。

(三)博物馆陈列布展施工质量监察任务

博物馆布展涉及各个方面,材料、材质、工艺、展板、展台、展柜、景箱、模型、沙盘、灯光、图表、微电子模拟系统、电子演示系统等,甚至还包括强电弱电、恒温、恒湿、给水、排水、结构安全、用电安全、绿色环保等。每项工作均需专业人员的参与,在布展施工阶段,每项工作在施工中都应有监

---

①刘野.论博物馆展品陈设设计与发展[J].现代装饰(理论),2015(01):131.

察检查,逐步落实。博物馆的布展是分门别类的,各有各的特点,陈列形式也是手段各异,布展要求各不相同。因为博物馆布展的特殊性,截至目前国家还没有一个统一的验收标准。但是我们可以分门别类按各行业标准进行逐项的检查和验收,举例如下:①复杂的整体空间造型结构搭建完成后,可以请建筑结构工程师参与检查验收。②给水、排水系统可请有经验的给排水工程师参与检查验收。③强电、弱电系统可分别请高压电器工程师和电子工程师参与检查验收。④布展材料是否绿色环保可请环保监测部门使用仪器检查验收。⑤防盗、防火安全请公安消防局检查验收等。

以上仅举几例,在各种行业参与检查验收时,博物馆陈列布展设计师和施工组均应参与其中,把控好与陈列相关的部分。

二、博物馆陈列布展应按科学规律设定顺序、工期和进度

博物馆、展览馆的陈列布展施工工程,在通常情况下,其工期都会非常紧张,经常出现场馆基建、基础装修尚未完工,陈列布展工程却已迫在眉睫的情况。因此,博物馆的陈列布展阶段必须要有高效运转的工作班子,有严密有效的组织计划,从宏观到细节,科学地安排各个具有牵制性的、制作周期长的项目,并以此编制出科学的、符合规律的实施顺序,为完成任务做好第一步保障。然后按计划开工,按计划交叉进现场,按计划编排交叉作业。如此,才能确保项目安全、紧张、有序地落实到位,才能够确保按质、按期完成布展任务。

(一)制订施工工期倒计时表

为了科学有序地安排好施工时间,开工前应制订倒计时施工进度表。倒计时施工进度表既要求紧凑,也要留有预案,以备有不可预见的情况影响进度。具体实施时,要以时、日计,步步推进。在馆外预先施工制作的项目,按工种的不同、制作周期、体量大小等来划分阶段和时间。如:整体订制专业厂家的展柜,要求预先在工厂整体完成后送抵现场,需要及时检查中期进度、质量。又如按工种施工,电工从一开始就可以按图标位置准备灯具和电料及导线的穿管,做好分区控制的开关盘;大型沙盘模型等项目,需提前运大料、大件进场施工,否则装修做完后无法进馆;雕塑、壁画可以提前也可在馆外做前期的绘制工作;装饰纹样、立体的图案也可以预

先按图标大样进行制作,等等。总之,在制订倒计时施工进度表时,需考虑到有序的施工,按顺序的施工以及多科目的施工齐头并进和交叉施工的衔接与配合。严格的倒计时施工进度表能保证各方施工忙而不乱,又有效控制了宝贵的时间,是施工按统筹计划完成的保证。

(二)馆外造型结构施工与制作

陈列设备的造型结构施工,首先需要厂方调配好有经验的工人,并按分项图纸逐一安排制作。在制作期间需经常复核图标尺寸与实际制作尺寸,把差错控制在过程中。分项制作完成的造型有必要按图标尺寸在工厂内搭建组装,以检查尺寸误差、结构的安全以及造型的完整性。

(三)多专业施工齐头并进与交叉施工

在博物馆的施工制作中,由于布展时间紧张,抑或由于季节的关系,在施工制作中多项目一起开工制作或交叉施工是常见的事情。多项目的一起施工制作或交叉施工制作,应做到准备充分、条件允许、胸有成竹、指挥调度精确。

1.准备充分

首先将设计施工图纸准备完善后,按工种归类并分组,如一组负责展墙围身制作,二组负责全部的灯箱制作,三组负责所有的展台、展架制作等,以此类推。这种分组分类齐头并进的造型制作加工,既可统一下料,又有规律可循。各霸一方,责任清楚,目的明确,各负其责。

2.条件允许

这里所说的条件为两个方面,一是指施工制作的场地要划分成互不干扰的隔离区,施工制作的场地是非常重要的,例如,油工必须有专用的油工车间,除配有消防设备外,油工对防尘土及室内温、湿度都有特殊的要求;二是应由有经验的工长带班,各工种人员齐备。

3.胸有成竹

博物馆陈列施工制作之前,不论是分项施工、齐头并进施工或交叉施工制作,施工总负责人与总体设计师必须做到条理清晰、安排有序,对于各方施工的进度、质量,设施的尺寸,材料要求等,做到胸有成竹,一切均在掌握之中。在这里一般都会选用一个有丰富实践经验的、认真负责的总施工负责人。

4.指挥调度精确

施工总负责人应该是一个既懂设计、会看图识图,又懂施工、懂制作、懂工艺、懂安装,具有协调、调度、丰富经验的人,同时,也应具有施工现场解决突发问题、意外情况的应急能力。施工总负责人要从始至终把握住总体施工的进度和进程,与总体设计师及时沟通,对施工中的每一项工作需了如指掌,指挥协调到位。

第二节 博物馆陈列布展施工安全及防火安全要求

一、博物馆的布展施工安全注意事项

展厅现场施工要有明确的施工方案及有组织、有计划的施工布展安排,设置和明确总的施工负责人、各个工程科目的负责人及安全防火负责人,并要求对于现场的施工机械、工程设备要有专人管理,电工要持证上岗。

(一)展厅现场施工设备操作的安全

博物馆通常在现场施工阶段使用的机械设备有电控液压升降机平台、插接式钢管高车多层平台、人字梯、单梯等升高作业的设备。以电控液压升降机平台为例,这个设备在使用前,专职工人一定要熟悉完整的操作规程,并严格按操作规程使用。在布展施工实践中,我们有时候能看到非专职工人违章操作的现象。如将升降平台提升到5米高度载电工安装灯具、布导线这一现象,由于展示灯具沿展墙形成灯带,电工的操作就需要不断地向前移动以便于工作。这就需要推动平台不断向前挪移,违规操作经常会在此时发生。他们将升至4—6米高的平台直接推动,上边晃动,极易造成倒塌。倒塌的设备砸伤下面的工作人员,砸坏布展设备,是典型的违章操作,这在过去的布展实践中是有血的教训的。电控液压升降机平台及插接式钢管高车多层平台的操作是有明文规定的,要求升降机在升起之前,首先应安放在指定位置,并打开四角支撑,调至水平接地稳固后检查电控电源,将顶上围栏圈起固定,然后升至需要的高度,施工人员需将安全带系于围栏固定。当施工人员完成此处工作,需要变换位置时,应首先降下

平台,施工人员落地,脱离机械后,才能推动平台到需要位置,只有这样安全才能有保障。①

(二)博物馆现场布展施工的基本规定

为了加强布展施工的管理,确保施工质量和施工布展安全,杜绝施工隐患,博物馆及布展施工的单位,要认真执行国务院《大型群众性活动安全管理条例》等相关法规。

博物馆布展施工中电气设备的安装需符合国家电气工程安装的要求。在博物馆的布展施工中,以下规定应严格遵守。

严禁使用明火、易燃易爆物品及具有放射性、有毒性、腐蚀性的物品。

展馆内严禁油漆作业,严禁使用汽油、酒精等易燃物品清洗现场。

展馆进出口通道、火警报警器、消防设施、配电设施、消防通道、安全疏散门等处禁止安排展位。参展物品、设备等不得遮挡堵塞、妨碍展馆通道及进出口。

展馆内不准使用电气焊、电锯、电刨等加工工具,不准使用重锤作业,不准存放充压容器(如空压机气瓶等)。

博物馆陈列布展施工中的照明、电器部分的施工应严格执行国家电气工程安装标准,并根据博物馆长期陈列的特点,在施工中严格按照如下几点执行:①电气作业施工必须由持有国家颁发的电工证的技术人员操作。②施工中要使用的导线须用双层绝缘护套导线或护套电缆,全部导线、电缆必须穿金属管,严禁使用麻花线、塑料平行线、双绞线等单线绝缘导线。③在通道地面铺设电线、电缆时,须用绝缘护板固定。金属展架用电须设漏电保护装置和可靠接地装置。电气设备地线和接零保护不得混用。④展馆内使用的灯箱需有散热孔和检查孔。⑤木质灯箱内部必须喷涂三遍防火涂料,灯箱内部的电线需穿金属管,建议使用低温电子启动日光灯管。⑥不得使用碘钨灯、霓虹灯,严禁使用酒精炉、电炉等加热设备,如有特殊要求,需要向有关部门报批、备案。⑦按负荷接线,严禁超负荷用电,对各种线路实行分级保护,电压不同的线路要分开使用。⑧沙盘、模型、图表等电源变压器一二次线均须安装保护装置。⑨施工单位用电时,须在各展区电源进线处装设容量与用电量相符的漏电保护开关。⑩全部施工完毕后,应将照明电源线、动力电源线引到指定的配电柜(箱、盘)前,并由

①浙江文物年鉴编委会.浙江文物年鉴 2013版[M].杭州:浙江古籍出版社,2016.

甲乙双方电工检查合格后方可接电。送电前，施工单位必须对展台电路、用电装置进行详细自查，确认无安全隐患后方可送电。

博物馆开展前，要按规定进行试验性通电照明及运转，并由甲乙双方电工进行严格检查。

博物馆施工布展电气部分安装调试完成后，须当地消防进行"电检"，并取得电检合格证书后方可正常运行。

（三）消防设施的安全

博物馆是大众参观、学习的场所，是人员聚集之地，消防安全至关重要。现代博物馆应配有完善的消防设施，一旦出现突发火灾，这些设施应立即启动。

博物馆布展施工需严格按照公安部消防局关于大型活动的消防安全规定执行：设置消防负责人及专职消防员；经常性地组织职工群众进行消防演练；定期进行消防设施的检查和维护；博物馆陈列布展不得在火警报警器、消防设施、配电设施、安全疏散门、展墙防火通道等处安排展位、展品及废弃物品；不得遮挡、堵塞、妨碍消防设施的使用。

二、博物馆陈列布展施工的防火安全要求

博物馆设计的造型是和常规的装饰材料在运用上分不开的，就布展而言，理论上任何材料都可以用来布展。除了用得巧妙、合理、适宜，并符合主题内容需要之外，还必须符合防火的要求。

（一）装饰材料、造型饰面的防火

众多的装饰材料哪些是绝对不能使用的呢？

尼龙弹力布，绝对禁止使用。尼龙性质的弹力布，最大的特点是可以在展示之中塑形方便、成本低、塑形完整、施工简单、效果绝佳。但尼龙性质的弹力布在遇到火种、火星或高温时，极易燃烧，而且燃烧迅猛，以至于来不及扑灭，是展览消防中第一禁止用料。

聚苯板，学名"聚苯乙烯泡沫板"，也绝对禁止使用。展览的空间造型装饰往往追求轻，聚苯板最适合这个要求。另外它的优点还在于造型方便、成本低廉，但这种材料遇火就着，并在燃烧时释放出氯化氢、一氧化碳等化学毒素，并且这种含苯的黑烟毒性很强。

普通布料不能用。普通布料遇火燃烧、燃点低、火势猛，是展览会不能

使用的装饰材料。此材料在做阻燃处理之后,通过消防部门检测后开出阻燃证明才可使用。木质结构也应该经过防火液的处理,达到阻燃效果才可运用。有些材料标明防火,应索要国家消防局出具的安全防火实验报告备查。

展览装饰不能使用的材料还有很多,有些是明文规定的,有些没有明文规定的,设计师在设计标注材料时,要熟知消防安全条例,并主动回避使用易燃品,严格执行防火安全要求。

(二)电路设计的安全与规范

现代博物馆陈列离不开声、光、电,展览的电路设计要讲科学。首先电工应持有国家认证的电工本,电路的分配、线路的走向、开关的控制等都应做到科学、规范、合理。通常整个展区电路要分区多路设置自动空气控制开关,需要动力电的机械设备的电路应单独分出一路。

空气自控开关控制总电源及各个分路,当某一路电短路时,不会造成整个展场漆黑一片,分项控制更便于一旦出现问题迅速查找原因。

(三)导线、插座、开关的选用与设置

电需要导线来传输,金属导线的截面积与用电的负荷关系重大,换句话说负荷的大小决定选用导线线径的粗细。

负荷大、线径细、电阻就大,导线就会发热,直至烧焦外皮导致漏电或短路着火。电源导线在陈列展览中大量使用,按消防要求,我们必须使用和选配双护套线,严格禁止使用麻花线、平行线,接线要使用端子,不得使用胶布包裹。长期展览或博物馆的陈列,不但要求使用双护套线,还应将双护套线穿护管,护管通常可选用金属的,这样以防导线被不明物侵蚀或被老鼠啃坏而漏电。

插座和开关同样和用电的负荷有关,应根据负荷选用与之相匹配的插座和开关,这要持证上岗的专业电工来决定,我们在选用导线、插座开关时,一定要购买国标产品。

(四)灯箱与各种照明灯具的安装

灯箱是展览及博物馆常用的,或者说是大量使用的展示方式,其内藏灯具,内部发光文字、图片、图表色彩绚烂,与外打灯光的展板比较,其优点是看不到光源,不会产生眩光。灯箱内通常装置管灯,也称日光灯,虽然日光灯属于冷光源,但它本身还是会散发热量,只是没有白炽灯那么热。它的基本照明启动的原理是通过导线送电,经过镇流器及启辉器,利用瞬间变压产生的强大电流击穿灯管内的水银滴,并使之雾化成水银蒸汽,进而刺激管壁附着的银光粉而发光。在启动和发光的过程中,镇流器工作发热的程度很高。因此,镇流器的固定是不能直接附着在灯箱箱体的木质结构上的,这样极容易着火。正规的做法应该是选用日光灯本身是一套金属盒装置、镇流器藏在金属盒中固定的照明设备。

灯箱是一个封闭的箱体,除箱体内侧应按消防规定刷三遍防火涂料之外,还要解决热量聚集的问题,一定要在灯箱体的后背和上方开进出气孔,以方便空气循环散热。

市场灯具种类繁多,设计人员应该尽量选用冷光源、低热度、不带变压器和镇流器的灯具,如电子式日光灯。但在这里需提醒设计师,照明灯光即便是冷光源,它也会发热,只不过热度稍低,还是应该和展品及装饰物保持一定的距离,以防万一。

一段时间以来,光导纤维照明曾备受赞美,但经过一段市场考验,发现它的一些方面不太适合博物馆内使用:其一,它的光源发生器产生高热,需要极好的通风、散热,因高热难降,灯具消耗较多,且存在高温引起的一系列隐患;其二,它的衰减、老化速度也因使用时间而加快,所以设计师们将目光转向了另一种更具吸引力的灯具——LED照明灯具,它不但解决了微量升热问题和色温不稳定的问题,而且它清洁、环保、节能、耐用,成为目前最理想的光源。但因其市面产品种类较多,一定要选择性能稳定的品牌产品。

第三节 博物馆陈设工程施工安装、布展程序

将先前在馆外制作完成的各类展示造型、装饰、沙盘、模型、展柜、展台、灯具等,依次运至展馆后,便开始了展厅内的布置安装。

博物馆的展厅布置安装通常按如下顺序完成:①按照图纸首先将展墙围身确定,安装到位。②安装展墙上的装饰及主题文字、灯箱和固定展

板。③安装展墙上的照明灯光,装饰灯带,固定电线走向的穿管,确定配电盘的位置并固定。④安装展柜、展台、模型台、沙盘台。⑤清理展馆现场。将无用的施工废料清出场馆,将用完的施工布展工具、升降车等运出现场,打扫干净地面。⑥安装模型、沙盘、封展柜玻璃。⑦需要铺地毯的位置或区域,开始铺设地毯。⑧由设计方、施工方联合检查施工质量,核实施工项目。⑨进行局部调整及小修小改。⑩需在展柜内外悬挂、固定的图片、文字等统统完成,并检查牢固程度。⑪再次清理卫生,将展柜内外玻璃等擦净,再次将地面彻底清扫。⑫制订现场布展规则,核发布展现场工作牌证,与布展无关人员撤离现场。与布展无关人员在文物、展品进入展柜并封闭之前,限制其进入。⑬展品布展场馆的门卫到位,文物展品按严密计划进馆布置,核实每个展区、展柜的"文物分布图",组成具体到个人的陈列小组,明确展品运送时间、路线,确定专门的展柜启闭锁人员,以便展品到之前开柜锁,展品进柜陈列后立即上锁,制订好严密措施,进入按部就班又紧张有序的"临战"状态。①⑭文物、展品移动前做最后检查,清点文物,检查用品运输通道,及安防措施。

---

①李峰,崔林浩.博物馆展陈设计的表现形式研究[J].美术大观.2018(7):96-97.

第四章 博物馆文物的分类与定级

第一节 博物馆的文物分类

一、民族文物认定的规定及文物品相界定

关于文物认定的规定。2009年12月18日国家文物局发布《关于贯彻实施<文物认定管理暂行办法>的指导意见》。

关于民族文物的品相与分类。界定民族文物的前提条件是文物的真实性,其次是它的唯一性。关于民族文物的真实性问题,在前面有关章节做过专门论述,这里不再赘述。民族文物的唯一性问题,通常是指文物的器型、纹饰、地位以及在民族文物中现存数量的多寡。假如一件民族文物的制作工艺已经失传,但由于是作为反映一个时代、一个民族状况的器物,就理所当然的属于"濒危类文物"。即使该文物本身的完整状况已经非常糟糕,但它仍然是够得上级别的文物。[1]

这里所论及的"文物品相",是指文物本身完好状况的程度。古代文物被品相完好地保存到今天的,大都经历过深藏的际遇。如商代的甲骨文和周朝的青铜器,如果不是深埋于地下上千年,恐怕早就魂飞魄散了。在同一类文物数量比较多的情况下,就必须考虑这件文物本身质地的完好程度,一般要挑选品相比较好的作为代表性文物。之所以要对民族文物进行分类,是因为民族文物的品类繁多、门类复杂,如果不进行任何分类,就把所有文物堆积在一块,就会呈现出杂乱无章的局面,不便于民族文物长久保存和合理利用。

我国各级各类博物馆进行文物分类的依据,是国家文物局编著出版的《博物馆藏品保管工作手册》(以下简称《手册》)的规定,藏品的分类体系

---

[1]杨晓燕.国内历史类博物馆藏品分类现状调查[D].郑州:郑州大学,2017.

按照部(藏品的来源划分)、类(以藏品质地为主,兼顾性质、功用的原则划分)进行。但是该《手册》对于"民族文物分类"的具体办法提及很少,也没有做出专门性的列举,只是说"一般按族别集中,可以入藏先后为序"。进行文物藏品分类的目的,是为了博物馆科学管理藏品,使馆藏文物得到更好的保护,并且有利于对藏品的提用和整理研究。

  文物藏品分类的方法较多。通常按照文物质地、时代、藏品的来源(征集地)、国别、族别以及功用等进行分类,各个具体的博物馆文物藏品分类的标准和方法,应依据本馆文物藏品的自然属性与社会属性来确定。尤其是民族博物馆的民族文物,尽管在定名时已经考虑了质地,保管时基本上是按照质地存放。但是具体到文物分类的时候,除了应当考虑到该件文物的质地之外,还应当考虑文物的用途和内涵诸多因素。目前多数民族博物馆,基本上是根据本馆拥有的民族文物的实际情况,为了便于保管和提取使用,因地适宜地决定自己博物馆文物的分类方法。文物藏品分类是对文物藏品进行科学管理的基础,文物藏品分类合理与否,直接关系到博物馆文物藏品的利用和电脑管理系统的运用。因而民族文物分类是科学研究、调查征集、收藏保管和应用提取诸方面的一项基础性工作,针对不同的用途应当有不同的分类方法,即使在同一家博物馆也可以多种分类方法并存。

二、民族文物的分类体系及分类方法

  关于民族文物的分类体系。丰富多彩的民族文物资料作为历史见证,是每一个具体民族的象征,具有"活化石"的作用和意义。在博物馆的文物保管工作程序中,有一个必不可少的环节就是对藏品进行分类。

  藏品分类是检验藏品管理水平的重要标志之一,是以实现博物馆藏品管理科学化、体系化和网络化,达到藏品妥善管理和方便利用为目的的。南京博物院宋伯胤在《藏品分类简述》中指出:"藏品分类学同其他分类学一样,都是人们正确认识事物的科学方法。"藏品分类是藏品科学管理的中心环节,它不仅涉及藏品保管工作的每一个程序,而且直接影响到文物陈列和科学研究。

  考虑到大多数民族博物馆的重点侧重于文物的保护和使用,目前一般采取多种分类法并行的"分类体系"。具体地说就是:①按藏品的质地分类。藏品的自然属性决定了藏品按质地分类的方法。本着民族文物安全的管理宗旨,通常将材质不同的藏品分别存放于不同的库室内,便于库房工作人员调整控制适宜的温度和湿度。民族文物的材质多为有机物,在自然状态下有害微生物容易附着其上滋生。不同材质的藏品要求有不同的保藏温度和湿度。如库房温度上下限控制在15℃—25℃,湿度的要求更加精确,竹木器库房的湿度要控制在60%—65%,纺织物库房湿度应控制在50%—55%,金属库房湿度应控制在45%—50%。因此,库房管理首先要以材质来分类,把相同材质的藏品归属于同一库室内,如丝、棉织品库室,银饰库室,竹木器库室等。再譬如,贵州省博物馆由于民族服饰比例大,约占民族文物总数的88.1%,所以他们就在质地分类的总原则下,再依据是否服饰为下一级标准,将民族文物分成"服饰"或"非服饰"两大类。又在"服饰"门类下设立更加细密的再下一级分类标准。②按藏品的族属分类。按族属分类是指对于相同材质的藏品,依据各自的族属关系分别排架存放,如苗族服饰库室、侗族服饰柜等。③按藏品的来源地区分类。藏品来源地区是指藏品进入博物馆入藏前所在的原生地,这种方法主要适用于苗族服饰的分类管理。不同地域的苗族服饰存在着较大的差异,具有明显不同的特征。为统计、比较研究的便捷,特别增加了这种分类法,如"台江苗族服饰"柜、"毕节苗族服饰"柜等。④按藏品的原始使用功能分类。藏品的原始使用功能是指藏品在被征集入藏之前,在社会生活中的实际用途,如上衣类、裙子类、背扇类等。这种方法比较有利于专题展览或专题研究者提用。⑤按藏品工艺分类。藏品工艺是指藏品被制作时所采用的加工制作手段以及由此而形成的独特的艺术效果,如刺绣、蜡染等。根据工艺的不同排架存放,这样做较有利于工艺专题展览或工艺专题研究者提用。⑥综合类。按照以上分类方法暂时无法归类,而且数量又不是很多的藏品,均归属到此类中。因此,民族博物馆藏品分类并不仅仅意味着只是保管好这些文物,更主要的是通过科学分类来促进和便于对文物进行科学研究,以利于博物馆和有关部门开展相关的各项业务活动。

  关于民族文物的分类方法。科学方法是对实践活动的概括和提炼。凡确定为民族博物馆基本藏品的文物,必须根据文物的性质、质地、内容等特点进行科学分类。民族博物馆文物藏品分类方法,应当定位为第一层以民族分大类;第二层以其社会功用为下属项、目;第三层对环境温湿度要求比较高的几种特殊质地文物进行安置，并分库保管，也就是说采取以民族、社会功用兼顾质地的分类方法。馆藏文物的分类，一般定为类、项、目三个层次。其中"类"指分属馆藏各民族的文物；"项"指各民族文物下属的八大部分社会功用分项；"目"指八大部分社会功用下面的具体目次。"专题性民族博物馆"的藏品分类，相对要单纯一些，如贵州省博物馆台江苗族刺绣是以藏品的物质存在形式为第一级分类标准，将藏品分为工具、剪纸和绣品几大类；又以是否实现了绣品的最终装饰功能为次级分类标准，将绣品分为成品和半成品，"刺绣花块"归属于"半成品"，被"刺绣花块"完整装饰的衣、裙、背扇、鞋、帽等归属于"成品"；最后以刺绣工艺作为再下一级分类标准，将成品和半成品分为破线绣、皱绣、平绣等。这些具体分类方法与其馆内的基本陈列所表现的主题相呼应，在修改和完善基本陈列时，便于查找所需要更换的藏品。

民族博物馆的文物分类，也可以根据不同的馆藏文物和库房实际情况进行，切不可千篇一律、强求一致。

三、民俗文物的价值标准及民俗文物鉴定

关于民俗文物的价值标准。民俗文物是各民族遗留下来的或正在生产和生活中使用的近现代物品，这些物品包括民间生活文化中的物质文化遗存和精神文化的物化遗存。民俗文物及其相关物品的价值是多方面的，往往通过本身的材料、工艺、结构、造型、装饰、风格以及功能和用途等方面体现出来。在众多的价值理念中，有一些只能用文字语言来描述，从而给人们留下一定的想象和自由发挥的空间；有一些则在一定尺度上分解成为定性、定量的相对标准，因而能够在一定范围内的实际工作中参照运用。在民俗文物及其相关物品的认定和鉴定过程中，所依据的价值判定参照标准，除了一般文物共同具备的历史、艺术、科学的价值标准之外，还应当有具体的与民俗文物及其相关物品的特质相适应的、能够操作的衡量和评估标准，唯有如此才能够在进行文物鉴定的时候，做到有所依据，使最终确认的结论准确无误。民俗文物与其他类型的文物一样，民俗文物及其相关物品也是中华文明的产物，同样具备历史、艺术和科学的价值。

在中国的文物、博物馆工作规范中，被认为民俗文物及其相关物品的多数属于近现代文物，主要是指1840年以前的文物，其历史价值的判定参

照标准除时间之外,还应当具有如下几个方面的具体内容:①在样式上反映风俗习惯历史的传承与内容。如带有农历节气或农事口诀的民间木版年画,以其为民众所喜闻乐见的样式直接反映了中国农村的生产民俗的历史传承。②具有地方特色的证明社会生活或风俗习惯发生变迁的东西。如各地区民间使用的造型各异的煤油灯,就是近代以来照明习俗变迁和流传的见证。③对某项历史或民俗的事件具有纪念的意义。④近现代以来的著名匠师、艺人以及作坊和店铺(老字号)的代表性作品或产品。如浙江杭州王星记的扇子、张小泉的剪刀均属"老字号",都是按照严格的特殊制作工艺生产的典型产品。这些由具体的民俗文物及相关物品所体现的因素,都是衡量和评估民俗文物及其相关物品历史价值的参照标准的重要依据。

判定民俗文物及其相关物品的艺术价值,其参照标准大体包括如下几个方面:①物品的造型或装饰具有重要的审美意义。如民间流传的明式家具的造型及其装饰,以简洁的结构、紧凑的画面和精致的雕刻工艺表现出中国传统的审美趣味,并代表着很高的艺术成就。②在民间艺术或传统造型艺术史上具有重要的意义与地位。如江苏的苏州桃花坞木版年画,其艺术的表现形式和丰富的内容以及本身的风格流变,在中国民间艺术史上占有重要的地位,而其印刷技艺传播到日本后对浮世绘的艺术产生了重大影响。③在传统造型艺术领域有着鲜明的地域风格或流派特色。如在陕西的关中、渭北等地区村落中常见的石刻拴马桩及其装饰,桩体雕刻粗犷的造型风格与西北地区的汉唐雕刻艺术一脉相承,有着浓郁的地方特色。④在传统风俗和节庆活动等仪式中使用,并具有一定的审美意义。如在云南纳西族东巴祭祀仪式中使用的木版画等物,简洁而流畅的线条和数种浓烈的色彩构成的画面,既符合艺术的规律,所表现的内容又能够给人以震撼。⑤以造型或装饰的方式表现或反映民间社会生活的形态或类型。如各地区民间广为流传的各种样式的民间剪纸和各种材质的民间绘画,多以较高的艺术技巧表现各地区民间的日常生活和各种娱乐的内容。

关于民俗文物的认定与鉴定。民俗文物是各民族的祖先在漫长的历史岁月中创造的,反映各民族在不同的历史发展阶段中,政治制度、经济生活、社会风尚、文学艺术、生活习俗和宗教生活等方面,具有内涵和外延的双重社会特征的代表性物品。民俗文物不仅是民族地区博物馆赖以生存和发展的主要依据和物质保障,而且是民族地区博物馆文物藏品中的一个极为重要的组成部分,它直接反映着多民族聚居区的各民族历史与文化的面貌。民俗文物不仅具有一定的观赏和研究价值,同时也为一些重大的历史事件提供了强有力的佐证。因而对民俗文物及其相关物品进行认定和鉴定,是民俗文物暨民间物质文化研究工作的重要组成部分和基本方法,也是专业性的博物馆和有关展览单位的重要业务工作。

这里所说的"认定",是指对民俗文物及其相关物品价值的肯定;"鉴定"是指对民俗文物及其相关物品之真伪的确认。在认定过程中所获取的信息和数据,能够为民俗文物及其相关物品的鉴定,提供具有标本意义的参考指标,而鉴定过程中的一些典型案例也能够为民俗文物及其相关物品的认定提供可资参考的经验和教训。在民族文物认定的实际工作中,认定的方法多适用于在田野调查作业的工作现场、征集地与当时当地所征集的民俗文物及其相关物品,而鉴定的方法则适用于流散在社会上的民俗文物及其相关物品。民俗文物及其相关物品的认定和鉴定工作质量的高低,直接关系到民族文物藏品的质量和安全与否,以及博物馆和有关展览单位的综合业务水平的评价。在一般情况下,各种类型和级别的专业博物馆的业务工作,大多是围绕着民俗文物及其相关物品来进行的,无论是征集、收藏、研究和展出以及分级核定历史遗迹、文物出入境管理、打击文物走私等,都是以民俗文物及其相关物品的认定和鉴定为基础的。征集具有重要的历史、艺术和科学的价值,或是在民间的社会生活中具有典型意义的民俗文物及其相关物品,是民俗文物暨民间物质文化的田野调查作业工作的重要组成部分。因此,依据一定的参照标准或参考指标,对民俗文物及其相关物品进行价值认定的衡量和评估,不失为民俗文物及其相关物品征集工作的重要环节。所征集的民俗文物及其相关物品在被确定为"文物"之前,必须通过一定的程序来判定它是否具有价值,如果不具备相当的价值,只能视其为"参考品"。一旦被确定为文物之后,还需要依据在认定或鉴定过程中取得的信息,判定其历史、艺术和科学的价值量,为最后的定级做好准备。

参照一定的评价体系、标准和方法,对民俗文物及其相关物品进行认定和鉴定,是一项责任重大而又严肃的专业技术工作,对从业人员的道德素养、知识结构和判断标准的把握亦有较高的要求,通常需要进行长期的实践锻炼和不断地总结经验才行。民俗文物及其相关物品的多数都是过去寻常的生活用品,是人们极为熟悉却又不大容易注意到的,有一些由于流传、使用的时间太长,尽管数代人都在习惯性地使用它,但它已经成为知其然而不知其所以然的东西。所以,对民俗文物及其相关物品的认定和鉴定过程,实质上也是专业人员一次很好的学习机会。

第二节 博物馆的文物定级

一、民族文物定级意义及藏品价值评估

文物定级是一项细致而严肃的评估工作。馆藏文物定级是通过国家有关部门组织的文物鉴定活动,对每一件具体藏品在历史、科学及艺术等方面的价值和意义,做出恰当的客观评价,并且划分出不同的等级。馆藏文物定级的目的是根据确定的等级、质地等不同情况,对文物实施不同的保护和管理措施,确保文物的安全和可持续利用,最大限度地挖掘和发挥文物在文化集成、社会教育、科学研究诸多方面的功能与作用。文物定级也是为了行政管理和文物执法的需要,比如,由于文物的级别不同,对文物的借用、调拨和交换等行为,实施行政许可的行政主体就不同;也因文物的级别不同,对文物犯罪行为的司法量刑轻重程度也不同。我国已经出台了《文物藏品定级标准》和《近现代一级文物藏品定级标准》等行政规范,并组建了国家文物鉴定委员会、省级文物鉴定委员会等相应的组织机构,全国馆藏文物的分级管理体系已基本形成。

民族博物馆的藏品定级工作,不仅是馆藏品分级的基础性工作,而且是馆藏品管理工作的一个重要环节。对于民族博物馆馆藏近现代文物的价值评估,目前仍处于"摸着石头过河"的探索阶段。多数地方民族博物馆对于馆藏文物的鉴定和定级工作,仍然是按照现行的文物鉴定确认的模式,由国家或省级文物鉴定委员会统一开展文物鉴定,一级文物均由国家文物鉴定委员会组织专家组进行鉴定确认;二级和三级文物由省级鉴定委员会组织专家组进行鉴定确认。我们通常所说的给文物评定等级的活动,实际上是一种人类有目的的意识活动,是文物的客观价值在人们头脑中的

反映,这种反映包括感觉、知觉、表象等感性的反映形式以及概念、判断、推理等理性的反映形式。文物专家正是通过对一件器物的反应过程,做出是否属于文物以及文物价值量大小的判断。对于一件具体的文物,从认定到鉴定的整个过程中,专家感性资料的积累十分重要,它是文物鉴定专家对于这件文物意识形成的基础,也是专家最终对这件文物做出价值判断的前提。文物鉴定专家在获取大量的感性资料后,再利用前人积累的专门知识,对这些感性资料进行"去伪存真、去粗取精、由此及彼、由表及里"的细致分析研究之后,得出对这件文物负责任的、科学的认知。这就是文物鉴定专家的意识思维过程,也是文物鉴定专家对于这件文物的研究、判别和鉴定的过程。因此,民族文物定级工作包括鉴定、定级两个方面,鉴定是定级的前提,定级的要义是对文物做出客观的价值判断。文物鉴定专家依据什么样的价值标准,如何掌握和运用这些标准非常重要。文物鉴定专家沈庆林说:"对近现代文物的鉴定可以用三句话来概括:辨真伪,明事迹,清流传。辨真伪就是要排除赝品和非文物;明事迹就是要弄清文物和历史事件、历史人物的关系,了解文物在历史事件中的作用;清流传就是要了解文物是怎样流传下来的,弄清流传经过对于辨别文物的真伪也有重要意义。"[1]

有步骤地开展全国馆藏文物鉴定工作。要对馆藏文物进行定级,就必须对文物进行严格的鉴定,然后才能在此基础上根据具体文物价值量的高低,给该文物以相应的具体等级。自20世纪80年代以来,国家文物局有计划、有步骤地陆续在全国范围内,对所有馆藏文物进行分门别类的鉴定。全国的文物巡回鉴定工作首先是从书画开始的,国家文物局成立的"中国古代书画鉴定组",由谢稚柳、启功、徐邦达、杨仁恺、刘九庵、傅熹年、谢辰生7人组成。书画鉴定组自1983年8月正式开展鉴定工作,共进行鉴定活动15次,每次历时3个月左右,到1990年5月圆满结束。除了西藏、内蒙古、青海、海南以及港、澳地区之外,此次鉴定活动对全国26个省、自治区、直辖市的121个县市、308个文物单位以及部分私人收藏的中国古代书画进行了认真的鉴别,共过目古代书画作品61956件,制作了编目卡片34718张,这是中国文物保护史上的一次空前壮举,对整个文物事业的发展产生了深远的积极影响。鉴定组从这些书画中挑选出中国古代书画各派著名

---

[1]郭译阳.现行国家博物馆定级评估工作研究[D].南昌:江西财经大学,2018.

书画家和地方书画名家的代表性作品34362件,编成册装本文字目录10册,选出佳品18543件,编成多卷本黑白图版《中国古代书画图目》共24册,选出精品3430件,编成大型多卷本中国古代书画彩色精印图集,计有《中国古代绘画全集》30册、《中国古代书法全集》20册。2001年《中国古代书画图目》荣获"首届全国优秀艺术图书奖一等奖"、第五届"国家图书奖荣誉奖"。依据《中华人民共和国文物保护法》有关建立馆藏文物档案的规定,国家文物局决定对全国各地选出的馆藏一级文物,按照同一尺度、同一要求予以衡量,进行一次一级文物鉴定确认工作。

到1997年5月除西藏、上海和中央直属文博单位以及香港、澳门特别行政区和台湾以外,对全国29个省、市、自治区进行一级品鉴定确认的101个文物收藏单位,4万多件一级文物和拟提升为一级的文物进行了鉴定,从中确认一级文物20073件,专家们还从确认的一级文物中挑选出历史、艺术和科学价值最精、最高的400多件,暂称为"国宝级文物"。这次文物鉴定确认活动,为国家文物局积累了部分省区、分单位的一级文物鉴定清册。譬如,贵州省博物馆自建馆以来,共有669件民族文物被定级。鉴选定级的对象主要是民族服饰,定级的基本原则是:凡属于同一民族的不同支系的库藏孤品,定为三级;如果这类孤品同时具有比较精美的艺术价值,定为二级;若这类孤品兼具以上两种特性,同时又负载了该民族典型的文化信息,定为一级。根据《文物藏品定级标准》"一级文物定级标准"第8条规定,"反映各民族生活习俗、文化艺术、工艺美术、宗教信仰的具有特别重要历史、艺术和科学价值的代表性文物",专家组一致投票通过并确定这件上衣为"一级藏品"。按照文物法规的规定,任何博物馆的一级藏品都必须上报国家文物局。对库房保管条件差的博物馆,必须尽快改善其存放环境,确保一级品保管环境适宜和安全,这是对一级文物藏品进行管理的一项重要原则。可移动的民族文物没有大地泥土的保护层,多数散落于民间因而极易消亡,已经不再属于那种"俯拾即是"的状况,征集工作已经带有"抢救"性质。国有文物管理机构库存的典型藏品不少是孤品,因而民族文物定级实行"孤品优先"的原则是合情合理的。

文物定级是一项科学性很强的团体性工作,必须由鉴定组讨论通过,这就要求鉴定组成员不但要有深厚的理论素养、广博的专业知识,更重要的是要具备丰富的实践经验。文物鉴定是一项集理论性、知识性、技术性于一体的工作,需要有长期的实践经验和知识积累,我国至今没有形成有关民族文物鉴定的完整理论和方法体系。对于民族文物应当有一个根本的、科学的界定标准。民族文物鉴定定级与一般文物一样,必须以既定的定级标准为准绳,以鉴定结论为依据,没有经过科学鉴定的任何民族文物,是不能也无法确定其等级的。就理论研究而言,对民族文物的界定必须突出民族性,因为各个民族在历史的发展进程中,创造了带有本民族特点、反映了本民族心理、历史和社会生活的文化。这些文化的创造都是以民族与民族社会为根基的,没有民族的沃土,其文化就无由生根。文化又是一个民族的身份标志,民族文物正是民族文化中"物"的象征,是其历史文明发展的遗留见证。所以,在界定民族文物的时候,应当突出民族性,牢牢地把握住民族特色。有时候还不能够按照常规历史阶段的划分方法去划分民族文物的年代,更不能以此界定民族文物的历史价值,只能够依据文物在各民族经历的相应历史阶段中所占有的地位来确认其历史价值。

二、民族文物定级操作办法和评价标准

民族博物馆的特殊性。国家有关部门应根据民族博物馆的特殊性要求,建立一套科学、严谨的标准化、规范化的工作条例和制度体系,尤其要建立统一规范的民族文物界定标准。建立文物藏品定级操作办法和标准,构建馆藏文物分级管理办法和标准体系,这样有利于提升民族博物馆馆藏文物的规范化、制度化、标准化管理水平,有利于促进馆藏文物的学术研究、陈列展示和教育服务等方面的工作。宋兆麟先生说过:"我国民族文物具有很强的民族性和地域性特点,要想成为一个对所有民族文物都精通的鉴定专家几乎是不可能的,熟知藏族文物的专家,未必能够鉴定东北各民族的文物;可以鉴定西北诸民族的文物专家,未必能鉴定滇黔诸民族的文物。"民族文物的鉴定工作对专家的民族文化知识的要求相当高,假如没有较雄厚的民族宗教理论知识,就很难把握宗教文物在我国各少数民族文物中的地位。自20世纪90年代国家文物局和地方文物处组织相应专家,对包括民族文物在内的文物进行确认之后,到现在已经10多年过去了,其间不但有许多新增入藏的民族文物在等待"确认等级",而且有不少原来已经定级的馆藏民族文物,随着人们对客观世界认识的不断深入,对这些文物价值的判断,有的也发生了重大的改变,亟须进行相应的重新鉴

定和确认。由于民族文物界定缺乏统一的、权威的、可供操作的具体标准，从而导致民族文物鉴定、定级工作的中断性和不及时性，使一些本来具有高品位的民族文物长期得不到鉴定确认，这在一定程度上影响了文物保护管理工作。国家应当考虑民族博物馆的实际情况和特殊性，指导民族博物馆系统在实践的基础上，根据民族文物的特点，制订出适用于民族文物统一、规范的科学分类方法。

"文物分类"是文物藏品科学管理的关键点，分类的目的就是要使文物得到妥善管理、科学保护以及方便提取利用，可以说它是民族文物管理标准化非常重要的一项内容。经过近20年的实践摸索，在国家文物鉴定委员会下设立民族文物鉴定机构，从宏观上拟定一个民族文物鉴定、定级的参考标准；在各省、自治区参照全国民族文物鉴定、定级标准，结合地域及具体民族特点，拟定地方民族文物的鉴定、定级标准，现在应当说是水到渠成了。民族文物分类直接关系到民族博物馆的陈列展览和科学研究，只有分类完整、科学，才能够保证民族博物馆文物藏品的妥善、长久保管和可持续利用。

在实践中形成适合民族博物馆藏品鉴选定级的办法。藏品分级管理是博物馆藏品管理工作的一个重要原则。博物馆文物藏品分类的方法，大都侧重于从保护和使用的角度考虑问题。藏品的自然属性决定了藏品按质地分类的方法，按照质地分类藏品是目前多数博物馆进行库藏分类的基本分类法。因为按照不同的藏品分别存放于不同的库房内，有利于库房工作人员调整控制适合的温度和湿度等保存环境。譬如，民族文化宫博物馆作为国家级民族博物馆，它既不承担自然科学研究，也不承担科学技术研究，更不承担考古发掘项目。所以在它的馆藏品中，考古出土的古代文物很少，反映科学技术发展进步的标本基本没有。民族文化宫博物馆从1982年开始对藏品进行登记，1983年3月制订出台了《文物藏品登记细则》，藏品原则上分为三大类：一类是正式藏品，二类是参考品，三类是复制品（包括"仿制品"）。到20世纪80年代末，该馆的馆藏品登记工作基本结束。到20世纪90年代末，该馆三套卡片的总数达到了近5万件的数目。民族文化宫博物馆的藏品分类，经过几代人的不断摸索、学习和实践的过程，舍弃了原来按照社会科学的分类方法，最终形成了一套适合自己的比较科学、实用、行之有效的分类办法。

把这套办法概括起来就是：①质地分类法。根据藏品的质地进行分类，主要用于库房的管理。目前主要有纸张类、皮毛类、金属类、竹木类、陶瓷类、纺织品类等几大类别。多年的实践证明，根据藏品的不同质地分类、分库存放，能够按照不同质地文物对小环境的客观要求，适时地调节温度、湿度，准确地投放防虫、灭虫药剂。②库柜分类法。根据藏品存放的不同库柜进行分类，主要用于库房的管理。每一个库房存放多少个柜子、存放多少件文物，具体到每一件藏品存放在第几柜、第几层、第几格，库房管理人员都能够做到心中有数、记录清楚、有条不紊。③用途分类法。根据藏品在实际生活中的基本用途进行分类，主要用于卡片的编目。目前主要有生产工具、生活用品、乐器、书画作品、武器装备、宗教用品等。多年的实践证明，根据藏品的基本用途分类，不仅便于编目人员掌握、操作，而且有利于研究人员检索、查找。④民族分类法。根据藏品的民族属性进行分类，主要用于卡片的编目。作为民族文化宫博物馆按照民族属性进行分类是必不可少的。近现代民族文物以国家公布的56个民族为"纲"，以分布地区为"目"，以基本用途为"细目"。可以说民族文化宫博物馆在实践中形成的这套做法，对于民族地方博物馆藏品的分类具有直接的指导意义。

民族博物馆的藏品定级工作要经常化、制度化。民族文物是民族文化发展的积淀、民族文化的记录符号，是一个民族区别于另一个民族的重要标志。它凝聚了民族的生命力、创造力的印迹，是民族智慧的结晶，在其文化内涵中记录了这个民族的发展过程。所以，文物定级是民族博物馆文物管理工作的重要组成部分，它不仅能够使馆藏文物的管理规范有序，统一的定级标准也有助于民族文物的鉴定，从而极大地提高我国文物藏品的规格，使更多的珍贵文物得到相应的保护，也使大批一般文物得到收藏。当然，一件具体的民族文物定级的结论，有时只是一个"相对的"概念，不可能是绝对一成不变的。它同任何其他事物一样，可变是绝对的，不变总是相对的。在民族文物定级过程中，只有坚持这个辩证的思维方式，才能客观公正地对待鉴定结果，也才能在发现鉴定失误之后及时地加以改正。

目前全国民族博物馆和收藏民族文物的博物馆，大多数馆藏文物都没有经过鉴定定级；少数参与过鉴定定级的博物馆，已定级的藏品多为"古代历史文物"或"近代革命文物"，真正意义上的民族文物极少。目前定级的一般工作程序是先由本馆专家组推荐,后由国家文物局和各省(自治区)文化厅组织专家组,进行一二级文物的鉴定确认。定级工作中采用的标准是《文物藏品定级标准》和《近现代以及文物藏品鉴定标准(试行)》。只有少数博物馆依据《文物藏品定级标准》,针对"馆藏特色藏品"制订了相应的定级办法。

第五章 博物馆文物的鉴定与修复

第一节 博物馆文物的鉴定

一、文物鉴定的意义及鉴定科学

文物是人类在历史发展过程中遗留下来的遗物、遗迹,然而并不是所有人类遗留下来的遗物都是文物,只有通过鉴定的遗物才能被认定为文物。文物鉴定从一般意义上说,是由3名以上的研究者因工作职责或者接受委托,利用专业知识并借助相应的仪器和设备,就被鉴定的文物进行整体研究、检测、分析,主要针对其真伪、价值、年代、名称等而得出的书面结论。也可以说文物鉴定是运用已有的科学方法,分析辨识文物年代真伪、质地、用途和价值的精细工作。严格意义上的文物鉴定是一种集体行为,某个鉴定人的判断可称之为认定或鉴别,只能是鉴定结论的一个方面。文物鉴定结论与民事诉讼法、行政诉讼法、刑事诉讼法中的鉴定结论相类似,对其采纳与否需要有质证的过程。即使通过科学仪器检测,也只能是鉴定的一种手段,而不是一种独立的鉴定方式。因此,2002年在修改《中华人民共和国文物保护法》时,把"文物鉴定的标准和办法"修改为"文物认定的标准和办法";2009年文化部便颁布了《文物认定管理暂行办法》。由于文物产生于一定的历史环境,因而在自然和历史的发展变迁中,必然产生这样或那样的变化,有的甚至难识真面目,给人们认识它的年代与价值造成诸多困难。正是从这个意义上说,通过科学甄别手段辨识文物真假,也就成为鉴定文物工作的首要任务。

文物真伪之所以能够辨别,就因为在一定历史条件下产生的文物,无论如何不能离开时间形式而存在,甚至不能再生产。超时间、超空间地再制作一件与某件文物完全相同的物品,一般是不可能的。文物鉴定研究的主要对象,一是可移动文物,即文物藏品、流散文物;二是部分不可移动文物,即文物史迹。对于任何一件"文物"价值的评估,首要的问题是必须确定它是"文物",非文物或者赝品不包括在内。现代的仿古与作伪已经采用数码影像制图、精细化工配料、非金属电镀、可控电气化窑炉等先进的工具与技术,甚至形成以地区为特色的各种仿古产品的基地。一大批有组织的文物贩子和文物犯罪团伙,活跃在全国各地的古玩城、古玩市场附近,布下各种各样的圈套、陷阱,地摊、古玩店、拍卖会无处不留有他们的踪影。正如疾病总是伴随着生命一样,只要有古玩的地方就必然会有赝品。这也就是说,文物鉴定第一步所要解决的问题,就是判别该文物的真伪和是否具有文物必备的条件。尤其是作为博物馆收藏的文物,必须是经过挑选的、具有重要纪念意义、教育意义和重要史料价值的器物才行。因此,文物鉴定工作必须为馆藏文物服务,馆藏文物鉴定的主要内容是:"识别真伪、断定年代和确定价值,为入藏和定级提供科学依据。"[①]

　　文物鉴定是一门综合科学。自宋代以来历代仿制、伪造古物之风日盛一日,甚至近代文物造假已经达到以假乱真的地步。这就需要文物鉴定人员根据器物外形和内涵,从质地、铭文、造型、纹饰、工艺技术和作品风格诸方面,切实认真地加以综合分析,以便做出准确地判断。在过去相当长的时期内,传统鉴定文物的手段主要是靠"眼力",也就是靠目测来鉴定,看器型、纹饰、胎、釉、彩、工艺等。在实践中逐渐形成的"眼学",历经数百年的口传心授,历久而弥坚。就在这"一凝""一视""一抚""一摸"之间,天文、地理、历史、民俗,尽在鉴定师的胸中。譬如,"青花"的成色对一个合格的鉴定师来说,他不但应当能一眼看出哪是"永宣"、哪是"成弘"、哪是"嘉万"、哪是"康雍",而且应当能在看出每一分期之间共同点前提下的细微差异,然后再结合胎、釉、彩、工艺、纹饰等要素综合考虑。自20世纪80年代开始,不少高科技的鉴定技术,陆续应用于文物年代的断源、断代和真伪识别之中。譬如,电子自旋共振谱记年法、同位素记年法等,利用测定碳-14、热释光等手段,都可以对文物进行年代测定。目前搞文物鉴定研究和文物收藏的人,基本上可以归纳为四类群体:第一类群体是书本知识型的,其中文物专家占主导地位。他们一般在文博系统长期从事文物鉴定专业性的研究工作并著书立说,多数人受到了社会的普遍推崇。第二类

[①]浙江文物年鉴编委会. 浙江文物年鉴[M]. 杭州:西泠印社出版社,2018.

群体主要是由从事古玩行业的商家、玩家和业余收藏爱好者组成,他们被称为有较高眼力和鉴定真伪能力的行家。他们主要是通过积极参与文物的收藏和买卖,积累了比较丰富的直接经验,真正懂得一些鉴定真伪的窍门。第三类群体是投资收藏型的,基本上由企业家、实业家、投资收藏家和实力派人士组成。他们也可以说是来自第一、第二类群体当中的部分成员,但是对文物投资收藏的看法,同国际上流行的艺术品投资理念比较一致,看重的是中长期投资带来的高收益。第四类群体是由极少数鉴定高手组成,他们是从实践中产生出来的"专家"。这些人与一般"文物专家"和"行家"最大的区别之处,在于他们总结出了一套来源于自身实践并通过实践检验,确属"行之有效"的理论体系。

  文物鉴定是一门造诣很深的学问。要想当一个文物鉴定高手,就必须具备如下四个基本条件:①既有独立的个性,又能够站在客观公正的立场上。在思想认识上,高手是一位彻底的辩证唯物主义者,认为物质是客观实在的,任何物品总是能够被人认识的。②对真理的追求是非常认真执着的,搞文物鉴定首先要判断真假新旧,不能凭个人感觉、好恶看问题,而要理性地看器物。③具备丰富的实战经验。这是经过他们长期市场实践和买卖交易,花费巨大的精神、智力和财力代价换来的真功夫。如对于一件具体瓷器,他不但要鉴别出真伪,还要断代、断窑口等。而器物的传世、半传世,还有器物出土的情况,由于受环境、物质和时间的综合影响,因而通常辨别真伪是非常复杂的。高手既能抓住真旧文物"老"的共性,也能分清各类文物的个性,并且能够恰如其分地把握好它的特殊性。如能够说出土文物的情况是多种多样的,南方出土的文物和北方出土的文物到底有哪些不一样,因为气候环境、湿度、土壤都不一样,南方潮湿,北方干燥等等。④必须有相当的文化素养和理论基础,如新旧瓷器如何对比,看什么东西? 比什么内容? 如何观察? 如何思考? 是否符合自然的、社会的和思维的逻辑性。没有广博的知识和灵活运用的硬本领,在文物鉴定领域是搞不出什么名堂来的。

二、民族文物价值内涵及价值多样性

  文物价值与文物价值观的内涵。由"器物"向"文物"转化包含了人类意识的作用,文物是由人们的思维活动形成的一个概念,是一种主观见之于客观的东西。艺术品本来就是作为观赏物存在于人类社会的,它向文物转化的一个重要条件,就是它本身所含艺术品位的高低。也就是说,只有那些具有高品位,能够代表一定的艺术流派,在艺术发展史上具有一定地位的艺术品,才有可能转化和最终被认定为文物。在通常的情况下,一件具体文物价值量的高低或大小,往往是通过对这件文物进行等级评定实现的,这就需要在其年代明确的前提下,客观公正地评定它的价值、区分不同的等级。等级的确定往往与采取什么样的保管措施有直接关系,譬如,分级保管是文物藏品保管中的一条重要原则,一级文物就必须实施专库或专柜保管。《中华人民共和国文物保护法》和《中国文物古迹保护准则》,对文物价值做出了明确的阐释。在此基础上以李晓东为代表的一些文博界专家学者,对文物价值又进行了详细而深入的探讨,认为一件文物除了必须具有历史、科学和艺术等文化价值外,还应当具有情感价值、经济价值和社会价值,这就使得对文物价值的研究更加广泛和深刻。文物作为历史文化的物质载体和实物见证,是民族的象征、国家的标记,不仅对弘扬和培育民族精神、进行爱国主义教育和思想道德建设、普及文化知识,以及对外文化交流等社会主义精神文明建设,而且对经济建设、科学研究、旅游事业发展等物质文物建设具有重要的意义。原文化部部长孙家正说过:"文化不仅是一个民族自己认定的历史凭证,也是这个民族得以延续、走向未来的根基与力量之源。"

文物价值观是人们就文物的存在现状,对于人的需要是否有用,抑或能否有利于人类的发展的一种评判体系,它是文物观念和文物意识的重要内容。或者说文物价值观是人们对文物的总的看法和行为方式,它决定着人们对文物的根本态度,影响着人们对文物的行为表现。文物价值观的形成是一个漫长的、不断深化的过程,会随着社会发展、人们认识水平的提高,有一个不断丰富的呈现过程,在实际上是动态的、发展的和不断积累的。文物价值观具有相对的稳定性和持久性。但是,它会随着社会环境以及个人人生观、世界观的改变而发生变化。文物价值观存在个体与不同群体之间的差异。由于社会地位、文化差异、利益关系等原因所致,使得人们的文物价值观在不同的时间、地点、场合都会表现出很大的差异性。政府的文物价值观可能取决于决策人员,文物工作者的文物价值观通常会表现出相对的先进性、积极性和稳定性;而一般民众的文物价值观则依赖于国家政策、社会舆论导向、个人文化素质等因素。所以,在现实生活中,民众的文物价值观并不一定如文物工作者和专家学者那样明确,通常表现为一种笼统的、模糊的认识。文物价值观是人类意识形态领域很普通的认知类型,自古代"金石学"开创以来,人们对文物的热爱与搜寻就从未间断过。在这个过程中,首先形成了"金石学家"基本的文物价值观,这种文物价值观随着时代的推进,其主客体不断扩展与延伸,范围、深度得到不断的补充和加强,迄今为止形成了一种唯物的、辩证的文物价值观,是我们民族传统文化中不可或缺的一页。文物价值观是构成社会群体心理中的潜在组成之一,它不但激发我们的精神世界,更影响我们的社会行为。作为人的个体组成的社会群体,一旦形成成熟的文物价值观,将直接影响这个国家、社会的文化生活、文化遗产事业的发展,需要政府行为进行引导、鼓励,使这种"自发"成为一种"自觉"。一般说来,民众的社会心理与政府决策,一旦两者形成有力的契合,则会带来巨大的社会效益。文物行业工作者的文物价值观,体现了文化遗产保护事业发展和完善的程度与水平,应当说文物行业工作者是个知识密集、分工精细的群体,但还不是一个团结、协作的群体。在这个群体里目前还存在着行业的自我封闭,彼此之间轻视、隔阂的情况时有发生,缺乏整体认识和协作精神,尤其是缺乏沟通、理解和信任。这就需要树立文物是全人类共同遗产的理念,我们有幸代表国家行使对文物的保护、研究和管理权,提出保护、研究、利用文物的规范与标准,监督全社会做好文物的保护和利用的具体工作。

  文物鉴定是揭示文物价值的重要手段。确认一件具体器物有无收藏价值,必须从藏品的历史价值、艺术价值、科学价值和经济价值诸方面综合地加以分析。有不少文物是几种价值同时具备的,只要哪一种价值十分突出,就可以作为收藏的依据。"民族文物"与"普通文物"相比较,最大的差异在于它显著的民族特点及其独特的民族成分。因而鉴定是民族文物工作极为重要的一个环节,它关系到民族博物馆库藏文物质量的提高以及藏品的有效保管和合理使用。已经存放到民族博物馆里的藏品(器物),不一定都是民族文物。因为"藏品"的概念较之"文物"的概念更为宽泛,不是一切收藏品都具有真实的文物价值。一件藏品也许是一件极其罕见的工艺品或者艺术品,但是仍然不足以说明它就是一件文物,能够成为文物的必须是那些具有历史价值的器物。也就是说,它必须是符合《中华人民共和国文物保护法》第2条的规定，必须是在历史中形成的、带有明显历史痕迹的器物，而不是那些当代制作的、异常漂亮的工艺品。一件博物馆的藏品是否具有文物价值，不能由收藏者自己说了算，必须通过文物专家进行文物鉴定才行。即使是文物鉴定专家，对于构成文物的条件，有时也是仁者见仁、智者见智，于是有些博物馆只好设立文物"参考品"或"周转库"，将那些一时难于定夺的器物暂时先存放起来，避免因草率决断而造成重大损失。

博物馆的收藏品只有经过鉴定才能够定级，任何一件文物、一件珍贵艺术品都需要定级，最终确定它到底是一级藏品、二级藏品、三级藏品或者参考品。"参考品"并不是废品，而是有保存价值的物品。1986年3月5日经文化部批准，国家文物鉴定委员会在北京正式成立。原计划分设铜器、陶器、书画和货币4个鉴定组，后来又增加了1个少数民族民俗文物鉴定组，并确定"民族民俗组"鉴定组成人员为史金波、郭思克、邵清隆，这就表明国家对民族文物鉴定工作的高度重视。文物作为历史文化载体其价值并不都是直观的，许多文化价值是隐藏于实物遗存的深层结构之中的。文物保管需要科学依据，文物藏品需要区分等级，文物史迹分级核定公布为文物保护单位，都需要通过具体的文物鉴定才能够确认。可移动文物能否出口或出境，国家有明确规定并制定有具体的鉴定标准。在鉴定中要对每一件文物做出具体评价，以判定该文物可否出口或出境，这是保护文物不外流的重要一环。

文物鉴定的主要对象，一是可移动文物，即文物藏品、流散文物；二是部分不可移动文物即"文物史迹"。对文物藏品和流散文物的鉴定是文物鉴定的重点，博物馆等文物收藏单位的文物藏品，如石器、玉器、陶器、铜器、金器、银器、铁器、铅锡器、瓷器、珐琅器、漆器、竹木器、骨角牙器、书画、文献等，都是文物鉴定的重要对象。在文物史迹中，古建筑、纪念建筑、石窟寺、石刻也是文物鉴定的重要对象。古遗址和古墓葬只有经过发掘，根据出土文物才能鉴定其年代和价值。

国家高度重视对书画等艺术品真伪科学鉴定系统的研究。2009年10月12日至14日笔者应文化部中国艺术科技研究所、中国书画艺术鉴定研究中心、全国收藏家协会等单位的邀请，出席了在北京裕龙大酒店举行的"首届艺术品科学鉴定研讨会"。在研讨会上共有29位专家学者分别从不同的角度,就文物艺术品的科学鉴定问题发表了自己的真知灼见。如首都师范大学欧阳启名教授的《书画科技检测的国内外背景及现状》、昆明理工大学张鹏翔教授的《用拉曼鉴定宝玉石》、北京师范大学那娜教授的《利用现代仪器分析技术鉴定中国字画》、中国钱币博物馆专家周卫荣的《失蜡工艺与青铜器鉴定》、清华大学周群教授的《光谱技术在文物研究中的应用》、全国收藏家协会专家张忠义的《传统经验鉴定与科技鉴定的结合》、北京古玩城文物修复鉴定中心专家关海森的《现代科技揭示真假元青花"铁锈斑"的本质区别》、国家纳米科学中心专家郭延军的《图像分析及相关方法在艺术品鉴定中的应用初探》、西安地质矿产研究所侯弘研究员的《绿松石真伪的鉴定》、北京师范大学谢孟峡教授的《印章的鉴别及溯源方法研究》、中国钱币博物馆专家杨君的《中国古代和近现代钱币鉴定的理论与方法考略》学术报告,等等。为保障和充分发挥"书画真伪科学鉴定系统"在文物鉴定当中的作用,文化部批准中国艺术科技研究所于2008年11月20日设立"书画真伪科学鉴定研究中心"。该中心以书画辨伪、防伪科研项目为主要工作,并对书画材质以及中国画、书法的艺术谱系与生态课题进行广泛而深入地研究。譬如,在人文研究方面,该中心充分利用已经取得的传统经验鉴定成果,并对之进行系统的整理与分析。在科技检测方面,将科学技术手段与书画鉴定有机结合,认为科技鉴定不能离开人文知识,经验鉴定也要有科学依据。在书画鉴定过程中必须把两者紧密地结合起来,形成一个科学的、有效的、不断发展的书画真伪科学鉴定体系。该研究中心在文物保护方面目前正在进行三项具体工作:一是对书画作品进行科技检测与研究;二是对书画艺术谱系进行学术梳理并汇总传统经验鉴定的宝贵经验,寻找历代书画家及流派的作品特征;三是进行中国书画鉴定数据库建设。欲辨其伪需先知其真,熟知中国书画的历史与现状对于书画科学鉴定是非常重要的。为此项目组对当代书画市场、书画艺术生态(特别是书画造假的生产、销售动态)做了较全面地调研,获得了比较翔实的数据信息,从而使书画真伪科学鉴定研究有了更加明确的方向。作为书画真伪科学鉴定体系的一部分,中国书画数据库是书画真伪科学鉴定系统项目的核心内容,也是体现项目成果的重要方式。该数据库包括书画作品、书画家、美术材料等方面的内容,并以传统鉴定的文本资料和科技检测图像表格式库存书画作品、书画作者、流派以及美术材料等信息。数据库在信息记录、信息查找和信息比较等方面具有很大优势，它能够将不同时代、不同作者、不同技法的书画信息从多角度、多层面进行检索和比较，对书画艺术作品的收藏和保护具有极大的帮助。对于当代书画作品和书画创作，它们认为要积极研究新的防伪手段，并利用合理简便的技术手段对当代艺术家的优秀作品进行防伪保护，借此保证今后的优秀书画作品能够摆脱赝品的威胁，力图能够与书画界、收藏界、科技界等各界人士进行通力合作，以辨伪促防伪、以防伪助辨伪，走出一条"辨伪"研究与"防伪"研究并行之路，为净化我国书画文物市场做出贡献。

民族文物价值具有多样性和特殊性。"多样性"是人类文化的固有特性，文化的多样性对于人类的生存和发展具有举足轻重的地位和意义。因而联合国教科文组织十分重视文化多样性理念在全世界的普及和多样性文化遗产的保护工作，先后颁布了《保护世界文化和自然遗产公约》《保护非物质文化遗产公约》《保护和促进文化表现形式多样性公约》以及《世界文化多样性宣言》等国际性法律文件。在这些规范性的法律文件中，确认文化多样性是人类的一项基本特性，认识到文化多样性是人类的共同遗产，应当为了全人类的利益对其加以珍惜和爱护；意识到文化多样性创造了一个多姿多彩的世界，它使人类有了更多的选择，从而提高自己的能力和形成价值观；认识到文化在不同的时代和不同的地方具有不同的表现形式，它是构成人类各群体和各社会的特性所具有的独特性和多样性。"文化多样性是交流、革新和创新的源泉，对于人类来说就像生物多样性对于维持生物平衡那样必不可少。提倡和保护文化多样性，就意味着保存这些文化所凝结的人类经验和智慧，意味着保存某种记忆，即保存人类关于前资本主义或者非资本主义的生产生活方式的记忆，从而使人类始终保持一种超越资本主义生产生活方式的可能性。这就是《世界文化多样性宣言》所蕴藏的深刻的意识形态含义。"从这个意义上说，文化多样性实质上就是人类的共同遗产，我们应当从当代人和子孙后代利益的角度，去思考、承认和肯定它。

文化多样性对于像我国这样一个统一的多民族国家来说，是基本国情的具体反映和体现。保护民族文化遗产、保持民族文化传承，是连接民族情感的纽带、增进民族团结和维护国家统一，以及社会稳定的重要文化基础，也是维护世界文化多样性和创造性，促进人类共同发展的前提。民族文物的价值诚如民族文化一样,往往是多层次和多侧面的。譬如,有的民族文物具有历史价值、有的具有科学价值,有的具有艺术价值,有的则两者兼而有之或具有多重价值。我们之所以将某种文物称之为"民族文物",强调的正是由于在该文物的多种价值中,具有"民族特色"这个重要的价值侧面。也就是说,在绝大多数民族文物中,除了具有其他价值之外,它还具有民族学与人类学价值。民族学与人类学价值是民族文物的历史、科学和艺术价值的具体体现。也正是从这个意义上,在给民族文物制定级别标准、确定具体等级的时候,应当而且必须考虑到民族文物的这些具有特色的"特殊性",特殊性通常就包含在多样性之中。如某些民族文物从其他角度衡量它并不起眼,但从该民族文物的社会历史发展角度看,则具有特殊的意义。我国是一个历史悠久的文明古国,不仅有大量的物质文化遗产,而且有丰富的非物质文化遗产。在依据标准对民族文物进行顶级的时候,应当根据该文物的科学文化特点、历史艺术内涵等因素,确定选择其中一个标准进行定级。要正确地处理好保护和利用的关系,坚持非物质文化遗产保护的真实性和整体性,在有效保护的前提下合理利用,防止对非物质文化遗产的误解、歪曲或滥用。在科学认定的基础上采取切实有力的措施,使非物质文化遗产在全社会得到确认、尊重和弘扬。非物质文化遗产是人类文明的瑰宝,为加强对非物质文化遗产的保护,我国于2011年2月25日通过了《中华人民共和国非物质文化遗产法》,明令自2011年6月1日起施行。

三、民族文物鉴定的要求及基本方法

文物鉴定具有确定的内涵。文物鉴定这门科学在中国有着悠久的历史,早在春秋战国时期,就有关于"齐伐鲁,索逸鼎,鲁以其赝品"的记载。民族文物鉴定是一项极其严肃而又认真细致的科学工作,它要对民族文物的名称、质地、结构、用途、族属、时代、地区和意义都做出科学的鉴定,阐明其历史、经济、学术和艺术价值。民族文物鉴定的主要内容包括辨别文物真伪、判明文物年代、评定文物价值和等级几个方面,它们之间有着密不可分的内在联系。在民族文物鉴定过程中,应当辩证地对待,不可将它们孤立起来。应当将它置于一定的历史环境之中,分析它的内容、鉴定它的制作工艺、揭示它的内涵及其在历史的地位与作用,从而确定它的价值

高低或它的价值的主要表现。"辨伪"在民族文物藏品中，特别是对于传世品一定要搞清楚，因为在大量的文物藏品中，往往夹杂着"伪品"。在民族博物馆保管、研究、陈列时，一定要注意把混入文物藏品中的伪品辨别出来。辨别真伪主要是针对馆藏文物和流散文物而言的，在文物史迹中只有其中一小部分需要辨伪，大量的是要确定民族文物的质地、结构、制作工艺和使用方法。建筑物上的附属品石雕、木雕等，毁坏之后又按原状重新雕刻，与建筑物并非同时之物，其他构件的更换亦如此。如果疏于对其进行辨别，使人误把它定为原件就会引起混乱。断代辨别文物的年代，是民族文物鉴定的主要内容之一，文物断代对一切文物来说都是必需的。一旦确定了文物的年代，就可以将其置于当时的时空环境中进行研究。在文物的断代研究中，除了由于"作伪"而故意造成一些文物年代混乱需要鉴定辨别外，还有大量文物本身并无纪年需要鉴定、判明年代。在一些传世文物的历史流传中，由于自然损坏、有意挖损等给确定年代带来了困难。还有一些文物史迹，如古建筑不同朝代屡次重修、更换构件，使一座建筑物具有多时代的构件；另有一些碑刻的纪年或关键字被砸去，等等，这些都需要通过鉴定去判明年代。在历史遗存被确定为文物之前，就需要对其进行研究，通过鉴定评定其是否具有价值。在确定某历史遗存为文物之后，更要通过鉴定确定它所具有的历史、艺术、科学价值的高低。在研究民族文物的过程中，应当将它置于一定的历史环境之中，分析它的内容，鉴定它的制作工艺，揭示它的内涵及其在历史上的地位与作用，从而确定它内含的价值量高低或价值的主要表现。评定等级是鉴定的主要任务之一，根据文物价值的高低把馆藏文物和流散文物划分为一、二、三级，把文物史迹区分为不同级别的文物保护单位，推荐给人民政府核定公布。文物鉴定研究的对象是形态各异、内涵复杂、时代不同的各种文物，这就决定了文物鉴定所具有的特点必然是具体、细致、严密和求实的。

　　民族文物鉴定指的是对各民族各时代的重要实物、艺术品、文献、手稿、图书资料等可移动文物进行鉴定工作。由于目前还没有民族文物鉴定方面的国家标准，加之民族文物绝大多数都没有定级，因而无法区分民族文物的级别，也无法按照《中华人民共和国文物保护法》的要求，建立一级藏品档案，实行按照文物级别分类管理，致使一些珍贵的民族文物因之而缺乏相应的保护措施。每件文物都是不同民族、不同时期特定的文化产物。民族文物只有通过鉴定，才能够确定该文物产生、使用的年代，才能够确定该文物的真实价值。对于民族文物的鉴定，既要强调文物标准的普遍适用性，又要兼顾民族文物的特殊性，客观、公正地把握文物的遗存性、代表性、珍罕性。假如一味地强调文物的标准性，就可能使诸多具有民族特色的物品被拒之于门外，这对于国家来说是得不偿失的。宋兆麟先生说："现在馆藏文物不少，均缺乏鉴定，请文物鉴定委员会鉴定，其鉴定标准也依据历史文物标准，这样来做民族文物就贬值了，有很多是不入流的，这是很不公正的，致使不少好东西外流，更不用怎么出国展出了。这种混乱情况必须改变，但前提要制定《文物藏品定级标准》，也分出级别。鉴于中国是统一的多民族国家，各民族一律平等，又都有重要文献，在民族文物鉴定上应该有所倾斜，各民族都应该具有民族特色的上等级民族文物。"他曾建议在文物鉴定委员会下设一个"民族文物鉴定组"，可以由几个民族文物专家主持做组织协调工作（这个意见已被实际采纳）。在开展各地民族文物鉴定的时候，再组织专门小组如"藏族文物鉴定组""云南民族文物鉴定组"等，其成员主要来自当地共同开展对民族文物的鉴定工作。

民族文物鉴定的基本要求是：①应用辩证唯物主义的观点和方法，对文物进行认真的调查研究，去伪存真、去粗取精，对文物的真实性、科学性做出正确的鉴定；②通过鉴定力求准确判明文物的真伪、年代；③通过对文物的综合研究，分析文物的形式和内涵，力求准确评定其历史、艺术、科学价值的高低；④文物鉴定者应当具备广博的历史知识、文物知识、自然科学知识、现代科学技术知识以及识别文物造假知识等，掌握传统的鉴定方法和现代科学技术分析鉴定方法，力求对文物做出准确的鉴定；⑤文物鉴定必须实事求是，鉴定者必须具有高度的法制观念和对国家文化财产高度负责的崇高品德；⑥认真做好鉴定的各项资料工作，写出具有客观公正和权威性的鉴定意见。每个民族的器物都有该民族鲜明的民族特征，文物鉴定专家应当依据对这些特征的比较研究，最终确定被鉴定器物的民族属性，形成专家鉴定的结论，并按照其历史、科学、艺术价值的高低给予恰如其分的定级。一件文物内涵越丰富、存世数量越少、存世时间越长、源流越清晰可靠的实物，其文物价值的含金量就越高。在鉴定过程中产生的意见以及重要分歧，都应当有详细忠实的记录。

民族文物鉴定的基本方法。由于文物的类别不同,必然要求采取不同的方法进行鉴定。在文物鉴定之前必须对文物进行分类,以便根据不同类别的文物,采取不同的方法予以鉴定。"鉴定"与"分类"之间是相互联系密不可分的。在文物藏品鉴定过程中,一般以质地进行分类,这样做有利于排比、辨别。在文物史迹鉴定过程中,一般按性质分类,这样做更适合采用不同方法鉴定该类文物中不同种类的文物。文物鉴定的具体方法很多,基本方法可归纳为"传统鉴定方法"和"现代科学方法"。传统鉴定方法是鉴定人靠"目测"和"手摸",这种传统鉴定难免有受主观因素干扰的弱点。然而传统鉴定方法毕竟是自古以来人们在研究、鉴定文物的过程中,不断地探索、总结、发展、再总结的科学成果。科学的民族文物鉴定方法的基本内容,是在对文物分类的基础上,对同类文物进行比较辨识和综合考察。具体方法是:①分类鉴定的方法。把混同相间的各种文物区分为互相排斥、互不兼容的不同类群,从中找出文物之间的异同点,达到认识和掌握的目的,分类鉴别的关键在于把握各个民族文物的主要特征。②比较鉴定的方法。没有比较就没有鉴别,无论在古代还是在现代,人们都采用比较的方法鉴别文物。以文物藏品为例,对真伪年代、价值未做出辨识的文物,鉴定时需选取已知其真伪、年代的同类文物的标准器,并将两者对比进行分析,进而找出未辨识文物与标准器物之间,在形制、质地、花纹、工艺等方面的相同与相异之处,分析它们之间的矛盾与联系,经过系统的分析研究后再做出科学判断。③辨别鉴定的方法。根据各种知识对文物进行考证,找出文物的属性,从而确定文物的真伪、年代。这就需要运用调查、考证和科学检验等不同方法,按照鉴定对象及其同类商品的规律,考察文物的本质,通过理论思维、概念和抽象的作用,达到对文物辨别和认识的目的。④科学鉴定的方法。一般的自然科学知识对鉴定文物的质地非常重要,民族文物中的首饰、装饰品,有许多金银制品,鉴别它们的真伪就可以运用科学方法。⑤综合考察的方法。通过对文物本身的调查、文献记载的考证、参考总结的鉴定,以及探寻同类文物的一般规律,对鉴定对象进行综合考察、分析和判断,以达到鉴定文物的目的。该法对鉴定文物史迹尤为适用,由于文物史迹一般形体大、内容多、涉及面广,采用综合分析的方法予以鉴定,通常会取得比较科学的鉴定结果。⑥民族学调查的方法。民族学调查既是征集文物的基本方法,又是鉴定文物的重要方法。凡遇到需要鉴定的民族文物难于识别时,可以随带有关文物照片资料或具体文物,到民族地区进行核实、验证,或请当地民族群众到博物馆来鉴定,即"以群众为师"帮助鉴定。除了上述基本方法外,还要根据鉴定的不同对象采用不尽相同的具体方法。之所以如此,这是由不同种类文物的性质决定的。随着现代科学技术在文物鉴定领域的广泛应用,以及现代科学技术鉴定和传统方法鉴定的进一步相结合,民族文物鉴定工作必将呈现出一派崭新的局面。

四、文物鉴定者的鉴定水平及技能技巧

提高文物鉴定工作者的鉴定水平。文物鉴定工作者要熟知其他博物馆的情况,如藏品在10万—160万件的博物馆有哪些?省级博物馆多数以哪些藏品见长?"国宝级文物"现在到底有哪些?"一级文物"现在约有多少件?对诸如此类问题了解得越多、越透彻,在实际工作中碰到的问题就会越少。

文物鉴定工作者必须了解和熟悉各领域的著名鉴定专家。譬如在一段时间内,"青铜器鉴定专家"李学勤(清华大学)、王海文(故宫博物院)、王冠英(国家博物馆)、朱凤瀚(国家博物馆)、郝本性(河南省文物考古研究所)、高至喜(湖南省博物馆)等;"陶瓷鉴定专家"汪庆正(上海博物馆)、陈华莎(故宫博物院)、张浦生(南京博物院)、赵自强(广州博物馆馆)、曾土金(广州市文物总店)、薛贵笙(上海市文物商店)、王莉英(故宫博物院)、邵长波(故宫博物院)、穆青(河北文物出境鉴定站);"书画碑帖鉴定专家"刘光启(天津文物出境鉴定站)、张慈生(天津市文物公司)、杨仁恺(辽宁省博物馆)、杨臣彬(故宫博物院)、金维诺(中央美术学院)、周绍良(中国宗教研究所)、钟银兰(上海博物馆)、徐邦达(故宫博物院)、章津才(北京文物出境鉴定站);"玉器鉴定专家"云希正(天津艺术博物馆)、田凤岭(天津文物出境鉴定站)、许勇翔(上海博物馆)、张永昌(苏州文物商店)、杨伯达(故宫博物院)、田俊荣(天津文物公司)、张广文(故宫博物院)、杨震华(苏州文物商店)、郭大顺(辽宁省文化厅)等。要针对自己的需求观摩各地有影响的博物馆,如故宫博物院、上海博物馆、南京博物馆、浙江省博物馆、河南博物院、广东省博物馆等,这些都是"综合性博物馆";"专题性博物馆"有南宋官窑博物馆、徐州的汉画像石博物馆、中国茶叶博物馆、中国丝绸博物馆等；"遗址类博物馆"有秦始皇兵马俑博物馆、金沙遗址博物馆、南越王墓博物馆等；"古建筑类博物馆"有北京古建博物馆、应县木塔、西安大雁塔等。通过观摩了解各类博物馆的传世文物、出土文物、窖藏文物、征集或捐赠文物、海外回流文物诸方面的情况，宏观地了解和掌握中国传统文化，必然有利于自己开展各项研究，这是文物鉴定工作者完全不可忽略的一门必修课。在有条件的情况下，文物鉴定工作者还应当多参加各类"文物鉴赏类学习班"。近几年，北京、上海、南京、云南、安徽、河南、湖北等地，涌现出各种文物短期培训班，在培训的过程中都要组织参观博物馆的藏品、文物商店藏品，还有机会到考古工地观摩出土文物，这些都是提高文物鉴赏水平的重要途径，不少初学者都以这种形式相互学习、切磋交流。文物鉴定工作者要练就一双识别真伪的"慧眼"。文物鉴定工作者应当经常到"古玩市场"去转转。每个省市都有自己的古玩市场，2006年评出的全国十大古玩市场，它们分别是北京的潘家园、北京琉璃厂、广州西关古玩城、南京夫子庙、南京朝天宫、厦门白鹭洲古玩城、上海城隍庙藏宝楼、西安古玩城、杭州"二百大"收藏品市场、成都送仙桥古玩艺术城。每个古玩市场都有它的地域性和特有文化性，如有些古玩市场侧重北方文化，有些侧重南方文化，有些侧重某一类实物。从规模上和综合性来看，北京、上海、深圳三地较为显赫。其地理位置处在我国的北部、东部和南部，铁路、陆路、水路、空中交通都很方便，三个城市的经济发展水平均位居全国前列。人们对于古玩的爱好除了历史和地域原因外，更主要的与经济发展状况和人们的实际生活水平密切相关。早在改革开放初期，已有少数眼光独特的人投入到收藏行业中来，到了20世纪90年代中期，我国经济稳步增长、国民收入增加，国内外信息相互交流，古玩收藏热潮再度兴起，2000年至2008年收藏势头一路攀升，产生了一批又一批的"古玩收藏家"。他们以某一专题的文物为主，如陶瓷、书画、青铜、家具、玉石、绣品、漆器、碑帖等只藏某一系列产品。或以某个历史时期为主，如红山玉、商周青铜、汉代玉器、唐三彩、宋影青、明龙泉、明斗彩、五彩、清粉彩、单色釉、屏风、架子床、八仙桌、民国瓷板画等，可谓文物的种类有多少，古玩收藏家收藏的种类就有多少，收藏之势前所未有，应有尽有。

　　文物鉴定工作者要习惯于阅读那些有针对性的刊物、考古发掘资料和古籍善本。目前国内学术刊物很多，地域性刊物主要有《东南文化》《东方博物》《江汉考古》《安徽文物》《广东文物》等；相关的学术刊物有《考古》《文物》《紫禁城》等；综合性刊物有《文物天地》《收藏天地》《中国文物报》等。专业著作有《中国出土玉器全集》《中国陶瓷史》《中国青铜》《中国书画》《中国家具》等。了解历史离不开古籍善本，如书画古籍有《晋书·桓玄列传》《唐朝叙画录》《贞观公私画史》；徐浩的《古迹记》，郭若虚的《图画见闻志》，邓椿的《画继》《宣和书谱》《宣和画谱》，周密的《云烟过眼录》，王原祁、孙岳纂修的《佩文书画谱》，乾隆时期鉴别整理编成的《石渠宝笈》《秘殿珠林》，等等。

　　提高文物鉴定工作者鉴定的技能技巧。据有关部门统计，目前在全国博物馆机构的从业人员中，高级专业技术人员只占4.5%，中级专业技术人员占13%。博物馆从事青铜器、书画、陶瓷、玉器、丝织、品等各类文物征集与鉴定的人员稀少，很难满足文博事业的发展需求。真正从事文物鉴定工作的人员，有几个修养要素是必不可少的：①个人的悟性。每个人都有一个学习成长的过程，对于文物鉴定工作师傅不可能总是"手把手""眼对眼"地教，"师傅领进门，修行在个人"。看过的东西、摸过的东西，要尽量做到过目不忘和随时记录。平时或外出考察学习相机不可离身，回来后要尽快把资料整理出来。要善于把看到的、拍到的东西，分门别类地储存到电脑里，做到认真理解、去伪存真。②个人的眼力。行话所说的"眼力劲"，即眼睛对鉴定对象的把握能力。在这里以陶瓷的青花和造型为例，每个时期用的青花料都不同，如何区分不同时期的青花用料和发色是断代的一个依据。这就要求对于掌握青花的发色越细致越好，陶瓷中的青花发色千差万别，只要细心领会认真对待，就能够从三原色中区分出几十种颜色。"型"就是对点、线、面、弧的精度理解，如一幅素描作品，"型"准不准决定作品的成败，"型"如果不准确，绘画技法再好也没有意义。所以，不管是书画、青铜、瓷器、玉器、家具的鉴定，每个时代每个阶段都有其独特的风格。掌握了每个时代的风格、把握了"型"和"神"，就等于把握了时代的精髓。"眼力"是一个长期对比、认识、积累的过程。③个人的爱好。爱好不是简单的喜欢，也不是三年五载的喜欢。"人无癖，不可与交，以其无深情也；人无痴，不可与交，以其无真气也"。这句话尽管有些言过其实，但它却说明白了一个道理，那就是人的爱好是相当重要的。④合理利用时间。不但在工作中要学习，8小时以外的时间更要学习，双休日也要合理地利用起来进行学习。应当有效合理地安排时间,利用一切可以利用的时间不断地学习,用有效的时间学习有用的知识,才是任何一个有作为的人的理智选择。博物馆工作人员从事文物鉴定工作确实难度大,首先受环境所限制,博物馆担负着爱国主义教育职责,长期围绕博物馆的"三个基本职能"开展工作,一般没有过多经费花在提高专业技术人员的培训上。还有一部分人缺少主动学习的热情,仅限于做好本职工作。圈外多数人认为博物馆"很清闲""很舒适",内因、外因都是制约博物馆鉴定人员水平提高的原因。然而只要博物馆文物鉴定工作者,真正做到"干一行、爱一行、精一行",平时做到眼勤、耳勤、手勤、腿勤、脑勤、嘴勤和笔勤,相信在文物鉴定领域中一定能够有所收获。

经过30年工程实践探索,我国基本实现了文物保护工程规范化、科学化管理,基本建立了一套行之有效的文物保护工程资质管理制度,基本适应了文化遗产保护事业发展需要,规范了文物保护工程管理,提高了文物保护工程质量和工作效率。目前我国已经评审和公布了三批甲级勘察设计资质单位、一级施工资质单位以及首批文物保护工程监理单位资质,2500多人分别获得勘察设计和施工的从业资格。各类文博鉴定的专业知识和基本技能培训班也日益规范化,譬如,由国家文物局、公安部和海关总署联合举办、中国文物信息咨询中心承办的"执法人员专业知识(陶瓷器鉴定)培训班",就于2009年7月28日在北京开班,来自全国公安和海关系统62名执法人员参加了培训。培训班邀请了王莉英、李知宴、叶佩兰、陈华莎、刘兰华、穆青、秦大树、王健华、吕成龙等国家文物鉴定专家委员会和中青年陶瓷研究专家担任授课教师,通过课堂讲授、实物标本鉴别、博物馆观摩等多种教学方式,帮助学员了解中国古代陶瓷发展的总体脉络及各时期陶瓷的典型特征,熟悉各类型陶瓷的器形、釉料、工艺等特点,掌握陶瓷真伪辨别的基本方法,提高陶瓷鉴定研究和相关业务工作水平。

标点符号在文物定名中的作用与规范。标点符号在现代书面文字表达中是不可或缺的,光靠文字来记录语言通常是无法准确表达清楚的,只有借助标点符号的辅助作用,才能使语言表达更加清晰明白。我们给文物定名就是用文字来描述文物的重要信息,有时也会用到标点符号,要借助标点符号的辅助作用来准确地反映文物性质。文物定名中经常使用到的标点符号,主要有书名号、引号、括号、逗号等。在过去使用这些标点符号的过程中,出现了一些符号混用、错用或该用而不用的问题。每一种标点符号都有它独特的意义,如果将标点符号混用就会使读者产生歧义或不同的理解。

引号和书名号混用容易让读者对它们所标示的内容产生不同的理解。一般来说引号的用法有三种:一是标明行文中引用别人的话;二是标明行文中论述的对象,如重量单位的"克",跟克服的"克"毫无关系,"克"是论述的对象加引号;三是标明有特殊含义的词语。书名号是标明书名、篇名、报刊名等;影视、戏曲、绘画、雕塑等作品的名称也要用书名号。使用书名号是为了把作品名和一般词语区分开来,便于读者理解。用错了标点符号,就会使读者对所阅读的文字产生错误的判断。另外,在标点符号的"书名号"和"括号"同时使用时,要注意括号放置的位置。在一般情况下,括号只标明行文中注释性的内容。在使用这种注释方式时,注释部分要用括号括起来放在书名号的外面。在给文物定名时,书名号的使用不是随心所欲的,我们不可以扩大或者缩减书名号标示的内容,否则就会使读者产生错误的理解和判断。

因此,标点符号是文字表达的有机组成部分,每一个标点符号都有它独特的作用,必须使文物定名中的标点符号更加规范。

第二节 博物馆文物的修复

一、文物修复理念及修复原则

文物修复保护的基本理念。意大利文物修复专家布兰迪在《文物修复理论》一书中,提出了最小介入、可逆性、可再处理性、可识别性等文物修复保护的基本原则。中国传统文物修复技术,则以"补全"和"作旧"为原则,体现出中国传统修复技术追求文物完美的理念。其实文物修复保护不只是一个学科问题,它与社会和大众的艺术美学观有着直接的关系。修复保护理念不仅要具有科学性,同时也兼有适应社会人群的审美需求,我们应当在总结前人经验的基础上,把"两种修复理念"有机地结合起来,对不同类型的文物进行不同方式的处理。譬如,对待考古文物、展览文物、商品文物,对这些不同功能的文物,施以不同的修复技术手段,才能够称得上科学修复的保护理念。这里以书画文物的修复保护为例,在各博物馆和收藏爱好者的藏品中,均收藏有大量的历代传世及出土的文物书画。在流传过程中,由于人为保管不善或者墓葬环境和自然灾害等原因,使得诸多作品的画心变黑变黄,墨色暗淡无光,发霉虫蛀使其千疮百孔、污损、残缺、破碎,以至于该文物根本无法提供欣赏和研究。如何修复保护这些文物书画使其恢复原貌?用我国传统的修复技术手段进行修复,用专业行话说,就是必须经过去污、揭背、补残、全色四道主要工序,而这些工作对每件文物的干预又是非常全面和直接。譬如,"全色"是对修复书画进行接笔、添墨、染色工作的一个统称。工作性质是将修补后在画心、画意中留下的修复痕迹予以掩盖,以达到从外观上满足视觉整体的完美,这与其他材质的文物修复——千方百计地把修复痕迹加以修饰,有着异曲同工的作用。这项工作在整个修复工作中,被专家称之为"点睛之举"。有些画作已经缺失画意,有些书法缺撇少捺,经过专家的修复基本上都能够恢复原始风貌,有些甚至从缺失非常严重的状态变为文物中的精品。但是,这一点恰恰成为西方专家对中国传统修复方法质疑的地方。如有的西方专家指出,青铜器的"伪锈"以及中国书画的"全色",是以破坏文物的历史真实性为代价,以求得符合现代社会审美的需求,其结果是制造出了一个真假合成的文物,这是中国与西方国家在修复理念上的显著不同点。其实任何理念都离不开它所产生的社会背景,西方文物界在文物修复中,遵循的是真实性、可辨识性以及最小修复干预的原则,认为文物的一些残缺是自然环境和人为因素造成的一种现实情景。要尽可能真实地、全面地保存,并延续其艺术、历史及社会的所有信息,将其受到现代人干预的程度降到最低限度。中国传统修复理念,则从满足收藏者注重的美学价值出发,较看重追求一种完美无缺的"美"。在我国多数人的心目中,一件艺术珍品就应当"以完美无瑕的动人画卷"呈现给世人,在观念上很难接受一件艺术品的残缺不全。其实在文物修复保护过程中,无论中方还是西方的文物修复专家,既要遵循文物修复保护的基本原则,又要保持文物在每个领域的独特性。"考古修复"就是要将文物本身所具有研究性质的信息完整真实地予以保留,为将来的科学研究保留尽可能多的原始信息。"展览修复"就是要将文物华美绚丽的一面展示出来供人欣赏。所以,文物本身应当具备完整的美,修复痕迹要做到从隐蔽的地方可以识别。"商品修复"是在当今的商品社会中,许多文物已经成为高档商品,它们当中许多都被私人花巨资搜于囊中。对于这些文物的修复保护,只能依其个人偏好而定,该文物往往被修复得非常完美,其痕迹如果不用放大镜仔细观察是很难发现的。中国传统修复在近代逐渐形成了自己的体系,在20世纪初以服务于商业目的,形成了自己的技术特点和理念。当西方理念传入中国后,我国也提出了现代修复方针,可以按照文物所有者提出的要求,并参照国际文物修复理念,采取可遵循三种结果的理念:考古修复、展览修复、商品修复。其实,西方修复理念的传入并不与中国传统修复理念相对抗,更多的是对中国传统修复技术的改进、完善和提高。因此,科学而合理地借鉴西方修复理念,从中寻找出有利于中国文物特点的修复方法,有益于中国传统修复技术形成自己的修复理念。[1]

文物修复保护的基本原则。《中华人民共和国文物保护法》第46条规定:"修复馆藏文物,不得改变馆藏文物的原状;复制、拍摄、拓印馆藏文物,不得对馆藏文物造成损害。具体管理办法由国务院制定。不可移动文物的单体文物的修复、复制、拍摄、拓印,适用前款规定。"2007年5月24日至28日,"东亚地区文物建筑保护理念与实践国际研讨会"在北京召开,这是中外专家就古建筑保护理念问题在我国的首次研讨。目前中国文物修复理念仍然缺少这种国际交流,有些理念性的认识尽管一致,但对其含义的理解各不相同。有些是西方专家不了解中国国情,对中国传统修复技术的误解所致,当然也有我国文博界对西方修复理念认识的偏差。西方国家自18世纪以来,各种修复观念异彩纷呈。中国传统文物修复技术是伴随中国原创文物而产生的,如新石器时代破碎陶器打孔穿绳;青铜器修复产生于商周时期,青铜器生产过程中对残损部件无意识的修补;中国书画修复产生于战国时代,等等。实事求是地说,尽管中国传统文物修复技术方法全面系统,但是缺少必要的全面总结。所以,我们今天能够看到的只是一些零散的、不全面的技术和方法,更值得惋惜的是随着时间的推移,随着这些技术人员的相继离去,有些先进技术失传。由于缺乏必要的技术交流和信息沟通,西方对中国传统修复技术一直存在质疑。譬如,在中国传统文物修复过程中,既缺少修复前的方案制订,也缺少修复中的原始记

---

[1]宜昌博物馆.宜昌博物馆馆藏金属文物保护修复报告[M].北京:文物出版社,2021.

录,以及修复后总结报告;传统修复前缺乏对文物必要的检测和科学的病害分析,青铜器矫形操作对器身造成损害。又譬如,用在青铜文物修复过程中的烙铁焊接工艺,需要使用焊接剂氯化锌溶液,由于在焊接时必须锉焊口就对文物造成损害,且焊接过程还对焊接处的金相结构产生改变,破坏了文物的原真性。对于破碎文物进行焊接是一种传统修复的技术,从西方的观点看,焊接必然对文物产生不利的影响。但是在某些情况下,采用西方的黏接技术又无法解决修复的问题,尤其是青铜器的修复。对于该文物如果不进行修复又无法进行研究,也无法供观众欣赏。所以,应当采用无害改良型焊药对文物进行焊接,如果可能的话就应当采用黏接方法。我国博物馆展览器物修复大多采取只补全外表,内部可识别的方法。事实上,古代书画修复和某些特殊文物,尽管在外观上可以做到无法辨识,但在现代科学技术的帮助下还是可辨识的。因此,中国的传统修复做法也可以被认为是可辨识的,中国传统文物修复的完美无缺的做法,也可以被纳入可辨识的范围。在对西方批评进行讨论的同时,中国的文物修复人员也对西方的修复方法提出了自己的看法。譬如,采用西方理念对金银器和青铜器修复后表面的绿色锈蚀全部被去掉,国内修复界对这种做法同样持有不同的意见,认为修复中去掉了太多的东西,使得文物缺少历经时间留下的沧桑感。另外,采用西方修复方法对青铜文物封护处理后,颜色容易变深;对铁器进行保护处理后,使得铁器的颜色变为深褐色,这些在中国的修复界看来也是不可接受的。

二、文物修复途径及人才培养

文物修复保护的基本途径。1986年文化部颁发《纪念建筑、古建筑、石窟寺等修缮工程管理办法》,明确规定"不改变原状"的文物保护维修科学原则、比较合理的文物修缮工程分类以及合乎我国国情的工程分级管理制度,第一次提出了文物修缮工程的资格和要求,加强了文物修缮管理工作,有利于提高文物修缮工程质量,它是我国文物工程发展史上的一项重要法规。国家支付的文物维修经费不断增长,从1978年至1988年的10年间,仅中央财政拨款就达3亿元,地方财政也拨出了一部分经费用于文物保护,使各级文物保护单位的文物保护和维修有了一定的保障,如顺利地开展了"布达拉宫一期""曲阜三孔""承德避暑山庄"等重要文物维修工程。木构建筑的修缮要尽量把原构件修复后使用,把抽换的新构件降低到最少的程度。对于必须配补替换用的新木构件,必须保持建筑的整体和谐和风格统一,没有采用配补者与原构件明显区分的做法,而使其在形式、质感和色彩上与原有部分基本协调一致,但要在新构件的隐蔽部分书写其替换的时间,应当在竣工图的相关部分明确标出其具体位置以便识别,同时要载入该建筑的档案之中。譬如,山西五台县南禅寺大殿和朔县崇福寺大殿均出现主梁劈裂,修缮时即用树脂黏合,并酌加隐蔽的金属加固构件后继续使用;屋顶的檩椽凡经处理后可用的也都继续使用;南禅寺大殿的檐柱大部分霉腐已无法使用,在改换新柱子时,把旧柱子的表面经过防腐处理后包在新柱的外面,以保持其古老的外貌。这些做法既保障了原建筑物的安全,也把人为干预减到了最低程度,有利于保持其历史风貌,这是一个正确进行古建筑维修保护较成功的例子。

中华人民共和国成立初期的文物修缮主要是抽换、配补那些损坏、缺失的构件,修补屋顶渗漏采取除去病害,使建筑物能保存下去,当时主要是从"安全耐久"的角度考虑问题,没有严格控制换用新构件的数量。对于尽量利用经修复或修补拼接后尚可使用原有构件,力争保存尽量多的历史信息和原貌,当时也没有给予足够的注意。如20世纪50年代修缮的"赵州市安济桥"就是一个例子。安济桥建于7世纪初,是世界上第一座敞肩单拱石桥,比西方出现同类结构要早700年左右,极具历史、艺术和科学价值。但是修缮时力求坚固、壮观和表现出对古桥的修缮成绩,尽管桥两侧和桥面尚有大量旧石留存,其余全部换用成新石材,把若干道原有拱券包裹在其中,只有站在桥洞下仰观才可看到,以致外观宛如一座新桥,极大地损害了安济桥的历史风貌。由于木建筑修复需要涂油漆保护,因而也出现油饰一新、丧失历史信息和传统风貌之弊。鉴于在修缮历史建筑中出现的问题,尤其是赵州市安济桥修缮的教训,我国卓越的建筑教育家、建筑历史学家梁思成教授,1964年撰文精辟地提出,维修历史建筑应当以"整旧如旧"为原则。他主张经过维修的古建筑在消除病害、恢复结构安全稳定、延长寿命的同时,应当能够继续保持其原来的历史风貌,使人看上去仍然是一座古建筑,只是经过修缮后显得"老当益壮"而已。梁思成教授反对把经过修缮的建筑变得"焕然一新",以致古意尽失,宛如一座仿古的新建筑。为做到"整旧如旧",梁思成教授认为对维修中所不得不采取的措施和增加部分,应当按照"有若无,实若虚"的原则予以处理,即在最大限度地保存其历史信息的前提下,尽量低调处理人为的干预。他主张在进行修缮保护工作时,采取大智若愚的态度,即在建筑遗产面前应取谦逊的态度,尽可能地弱化今人在修缮时所不得不加上去的内容和修缮的痕迹,使之只起陪衬的作用,力求避免喧宾夺主,以凸显古建筑本身"饱经沧桑"的历史风貌。梁思成教授还认为,使人不仔细观察看不出它曾经修缮过,才是最高水平的修缮技术。这就是梁思成教授主张修缮古建筑应当做到"有若无,实若虚,大智若愚"的含义。梁思成教授的意见应当成为今天维修古建筑的基本准则。通过对古文物和古建筑修复保护经验的总结,可以促使我们把这些工作做得更好些。总之,对古建筑的修缮工作一定要做到"整旧如旧",始终保持其真实性和历史形成的风貌,关于这一点现在已经在全国上下形成了普遍的共识。

保护修复藏品是博物馆的重要职能。我们对文物进行修复保护,目的不是为了"怀古"和"复古",而是为了让古老的、具有重大历史意义的器物,再现当年的风采与活力,使人们生活在一个既有历史传统,又有现代生活的空间里,让古老的文化与现代文明交相辉映。为了做好藏品的保护管理工作,民族博物馆多配有藏品保护实验室或者修复室(简称"博物馆实验室"),规模较大和经费较充足的博物馆,还有仪器分析室和药品库房。长期以来民族博物馆实验室,基本上都不同程度地存在着管理混乱、操作不规范的问题。尽管这些问题的产生与场地、资金等客观因素有关,但是确有很多人为因素。

产生这些问题的原因主要来自三个方面:一是在从事藏品保护修复的人员中,相当一部分不是科班出身的专业人员,在日常工作中不太注意这方面的问题。二是实验室工作人员认识不到位,总认为博物馆实验室不是专业实验室,再加上化学药品相对较少,故经常疏于对实验室的细致管理。三是博物馆实验室的管理没有引起管理层的重视。博物馆实验室的工作是开展藏品保护修复工作的基础,在保护修复工作的完成中起着举足轻重的作用。为此,建议:①加强业务培训。实验室可以通过多种途径进行培训,如根据自身的具体情况由本部门的老专家、业务骨干进行内部业务培训;既可以请专业人员以讲座的形式对实验室工作人员进行培训,也可以选择优秀的年轻人送到对口的大专院校接受专业的短期培训。通过各类形式的培训,使广大实验室工作人员认识到自己工作的重要性,提高思想认识和工作技能,从而实现实验室工作的规范化操作、科学化管理。②严格药品管理。一是对博物馆里的药品进行分类存放,要将易挥发的和不易挥发的、氧化性的和非氧化性的、一般的和剧毒的药品分类放置。二是存放药品的库房要求干燥防潮通风,要有灭火装置,这样万一有着火现象,可及时找到灭火器材进行灭火。达不到消防要求的要尽快想办法解决,因为一旦出现问题后果将不堪设想。有条件的博物馆要准备一些沙土,因为有些药品用水或别的化学试剂灭火,有时会引起化学反应带来新的危害。相比较而言,沙土更环保、更科学一些。③制订相关管理制度并做好检查记录工作。为了做好实验室的管理工作,可以参考一些专业实验室的管理模式,制订相关的管理制度、操作规范和守则等,使操作人员在工作时有一个相对比较规范的操作标准和遵循原则。有了制度就必须遵守,要严格药品出入库的登记,在新药品购回入库时做好登记工作,使用药品时做好使用记录,特别是对剧毒药品要格外谨慎,因为这些剧毒药品一旦操作不当,就有可能给操作者带来身体上的伤害。对于保护修复的藏品要做好出入库和出入实验室的登记,对于修复保护过程中的资料要做好详细的记录。对实验产生的废液、废渣设置专门的回收容器,及时回收交给相关部门处理。对库存药品也要定期检查,对过期药品要做到及时登记及时处理。一定要加强博物馆实验室对仪器的管理,在购买仪器时要选择产品质量、价格、年检情况以及售后服务都好的供应商。新仪器购置回来以后要做好记录台账,同时要详细做好使用记录。仪器设备要科学使用,一是保养;二是正确使用;三是定期校准,有些仪器如温、湿度仪等,均有一定的误差率,必须定期进行校准,以确保实验数据的可靠性,对于精密仪器最好采取专人负责、定期保养。

规范文物保护修复档案的管理。合理修复受损的馆藏文物,是保护历史文物遗存的历史文化信息的重要手段,也是博物馆文物保护工的重要内容。我国目前的文物保护技术,主要是对文物进行保护、修复与复制,目的都是为了延长馆藏文物的寿命,延缓文物的老化状态。为了保留文物在保护修复之前的原始信息,保存在修复过程中发生的情况,博物馆的工作人员就要对该文物修复之前、修复过程之中和修复之后的状态,进行详细的描述和真实的记录。这些对文物原状描述与修复过程的记录资料,就是文物保护、修复的"技术档案",这些档案既真实地保存了该文物的原始与现今的诸多信息,有助于文物修复工作的总结与提高,尤为重要的是为该文物今后的研究、保护与再修复,提供难得的重要信息资料。做好文物档案的规范与完善工作,一要提高相关人员的认识,二要有一个切实可行的方法。所谓"提高认识"就是要提高文物保护修复从业人员对档案工作的认识,因为文物修复档案具有"客观性"和"真实性",是文物修复过程的原始记录和真实反映。这些档案资料的日积月累,将为博物馆留下大量的第一手文献资料,有利于各门类文物保护理论体系的形成。任何一个学科的建设都必须有来自实践的理论,文物修复档案的规范化管理,同样是文物保护学科建设的需要。档案的建立总是以保存历史信息,供后来的研究者、保护者使用为目的的,档案的使用对象包括文物的所有者、文物保护的责任者、文物研究者与利用者以及今后的文物保护修复人员。鉴于档案的使用者不同,需要的内容也各有侧重,这就需要文物保护修复人员根据档案使用者的需求,有侧重地进行记录。譬如,对文物研究者来说,必要的文字资料不可少;对于今后的文物保护修复人员来说,更为详细的图片资料则更为直观和重要。因而在文物保护修复档案中,需要撰写"文物调查书",因为它是整个文物保护修复档案的依据,反映了该文物在修复前的初始状态。文物调查书应当包括该文物的基本信息,如文物的名称、年代、所有者、等级、尺寸、重量等内容。文物调查书还应当注明该文物的类别,如陶瓷器、金属器物、玉器、纺织品、书籍、绘画等,标明文物的收藏地点、数量以及来源。在文物调查书中尤为重要的是,对该文物的损伤状况、病害情况等做出细致的描述,注明损伤的种类(如破损、开裂、锈蚀、变形、发霉等)、损伤程度,最后由送修人补充说明送修的原因、要求、保护修复的内容等。文物调查书制作完成后,还必须对送修文物进行拍照和绘图,照片拍摄是对该文物送修之前状态的影像记录。保护修复工作完成之后,有关工作人员要提交相应的"保护修复技术报告",它是整个保护、修复过程的总结,将成为今后人们对该文物进行研究、再保护的重要依据,而且对该文物本身来说也是至关重要的档案资料。

健全文物保护修复的法律法规。经过国家立法机关和文博界三十多年的共同努力,我国基本形成了以《中华人民共和国文物保护法》为核心,由行政法规、部门规章、规范性文件以及地方性法规共同构成的法律体系框架，如《历史文化名城名镇名村保护条例》《陕西省文物保护条例》《江苏省文物保护条例》等，使文物保护工作逐步步入有法可依的良性轨道。在文物保护工程方面，法规和标准化也基本建立并逐步健全，如《文物保护工程管理办法》《全国重点文物保护单位保护规划编制审批办法》《全国重点文物保护单位保护规划编制要求》一系列法规规章，对文物保护工程的原则、分级、资质、审批管理和立项、规划、勘察设计、施工、监理、验收等各个环节，都做出了较为全面具体的规定，为依法从事、管理文物保护维修工作奠定了坚实基础，文物保护维修工作已经步入法制化健康发展的轨道。2002年10月新修订的《中华人民共和国文物保护法》及其该法的实施条例，规定了文物保护工程的审批程序、资质管理、保护原则，为我国文物保护工程管理奠定了重要的法律基础。据此，2003年文化部颁发《文物保护工程管理办法》，按照现代工程项目管理理念对文物保护工程内涵的界定、类别的划分，工程立项与勘察设计，以及施工、监理与验收、奖励与处罚等都做出了明确要求。为配合该办法的贯彻实施，国家文物局又相继出台了《文物保护工程勘察设计资质管理办法》等一系列法规规章。2004年、2007年国家颁发了第一批、第二批文物保护工程勘察设计单位、施工单位资质证书，2008年颁发了第一批文物保护工程甲级监理资质单位的资质证书以及部分勘察设计、施工单位资质证书，基本实现了文物保护工程资质管理。2004年还召开了第一次全国文物保护工程汇报会，总结了多年来的文物维修工程的利弊得失，第一次就文物保护工程计划安排、文物保护工程资质、文物保护工程施工监理等方面的问题进行了认真研讨。此后每两年召开一次工程汇报会，及时总结和讨论维修工程中的问题。1998年、2004年举办的两期全国古建筑保护培训班以及2006年开始的《中国文物古迹保护准则》培训，极大地促进了维修工程的人才建设和维修理论的发展。《中国文物古迹保护准则》是依据《中华人民共和国文物保护法》《国际古迹保护与修复宪章》等国内外文物保护管理法规而专门制定的，是目前我国文物保护规划和保护工程实践的指导性文件。它是一部具有时代特点和中国特色的文物古迹保护的行业规范，有益于我国文物保护管理科学化与规范化水平的提高。

　　加强博物馆文物修复专门技术人才培养。在我国这个举世闻名的文物大国，拥有各级各类文物藏品1200多万件，文物博物馆行业有7万多名从业人员,真正掌握成熟文物修复技术的专业人员不过几百人。我国至今没有专业性的技术培训中心,而以基础素质教育为主的高校学历教育,也不能满足对动手能力和实践经验要求很高的文物保护和修复专业人才的需求。由于专业人才资源的严重匮乏,使得大量亟待维护、修复的珍贵文物只能无奈地等待。譬如,首都博物馆所有文物大修工作,全靠20人左右的修复专家队伍完成,修复任务十分繁重,待修复文物数量的庞大同修复人员的匮乏形成了强烈的反差。首都博物馆面临的问题也同样困扰着国内其他博物馆。目前,我国从事专业文物修复的人才不到500人,技术成熟的文物修复专家仅有400人左右,以每人每月修复1件文物计算,仅修复现有的2000万件破损文物,就需至少2000年时间。为了尽快改变这种局面,我国近年来把加大文博专业人才培训作为工作重点。其中与意大利合作进行的"中国文物研究所保护和修复培训项目",是我国在这一领域举办的规模最大、涉及范围最广、学科门类齐全的一次国际合作培训。来自全国23个省、自治区、直辖市的67名学员,在这个培训班上接受了为期10个月的从理论到实践的全方位培训。27名在意大利和欧洲享有盛名的专家和18位国内知名专家学者,分别为学员们讲授了陶瓷与金属、石质、古建筑以及考古遗址等领域的现代文物保护和修复理论、理念以及最新的专业技术等,并由专家带领学员在实习基地完成了57件青铜器等多种类型的文物修复;完成了"洛阳龙门石窟521号""522号窟"的保护修复和"隋唐洛阳城南市遗址"发掘现场出土文物的保护修复等工程。通过高水平、高层次、理论与实践结合的集中培训,学员们的理论和技术水平获得极大的提高。有关部门和中外专家认为,这批学员有望成为我国文物保护修复领域"高质量的专业型技术核心人才"。与此相适应的各种短期培训班也陆续开办,如2009年7月25日国家文物局就在山东省青州市博物馆举行"2009年陶质彩绘文物保护修复专业培训班",该班为期3个月,全国19个省、市、自治区的40家文物单位共47人参加了培训。培训班利用青州博物馆陶质彩绘文物修复的机会,将科研基地建设、博物馆藏品修复与保护技术人才培养相结合,通过专业培训班的方式实现科研成果推广,促进技术进步,加强人才培养的多重目的。

无论如何在一个较短的时期内,我国古籍修复手段与国外相比仍然十分落后,保护修复专门人才严重匮乏,全国各藏品单位收藏的3000万册古籍文献都存在着不同程度的残破,其中急需修复的古籍超过1000万册,而目前全国从事古籍修复工作的技术人员不足100人。按照目前的人力和修复速度,初步估算需要近千年才能完成对1000万册古籍的修复工作。在现有的数十名古籍修复工作技术人员中,年龄在40—50岁的占绝大多数,40岁以下的人不到六分之一,而保护国家古籍文献又急需年轻人参与。国内文物鉴定与修复人才缺乏的现状有望在不久的将来得到缓解,因为经北京市教委批准,北京市首家文物鉴定与修复专业开始招生。从2008年起,首都联合职工大学国家图书馆分校开始招收文物鉴定与修复专业大专生。首联大国图分校是北京市各大院校中唯一的一所开设此专业的学校,这个专业的开设对于国家古籍文献保护与修缮具有重要意义。

第六章 博物馆文物的保护

第一节 博物馆藏品管理纲要

博物馆藏品的管理要有一套制度,而且最好通过一份藏品管理纲要来对其加以说明。这份纲要应当简洁明了,但需要提供一些具体细节描述博物馆是如何保管其藏品的。纲要的作用不仅在于提醒博物馆管理机构的成员、博物馆员工和志愿者对藏品负有哪些责任,而且要向赞助人和用户阐述博物馆是如何履行其使命的。这是博物馆发展规划中的重要组成部分。

在博物馆网站上公布藏品管理纲要是一个非常好的想法。可以在网络上找到一些藏品管理纲要的范例。以下的方法有助于建构博物馆藏品的管理制度,也有助于着手制订纲要。

一、藏品描述

每一家博物馆都应该清楚自己的藏品有哪些,这些藏品是如何进入博物馆的,为什么要收藏它们,打算如何使用它们,以及希望如何扩大收藏。因此,在藏品管理纲要的第一部分,理所当然要陈述博物馆拥有的藏品。在清点藏品时,需要有一份较为细致的藏品描述,从不同角度阐述藏品进入博物馆之前与之后的历史、藏品的学术价值和研究的可能性,以及藏品如何服务于博物馆的宗旨之一——藏品的作用。亦可在藏品描述中确认由谁来负责藏品的定期清点工作,以及藏品清点工作应保持怎样的频率。

二、收藏政策

在收藏政策中,博物馆管理者应详尽回答以下问题:
博物馆将收藏什么?

博物馆的收藏将涵盖哪个地域？

博物馆将如何进行收藏？

为什么博物馆要在这些领域进行收藏？

博物馆的收藏活动对其运营成本有何影响？

何时或在何种情况下博物馆会考虑终止收藏物品？

三、藏品保管

博物馆文物保护政策和计划的拟定方式、博物馆如何评估藏品的保护需求，以及如何保护这些藏品，是藏品管理纲要中不可或缺的部分。博物馆在藏品保护方面的作用包括：预防性保养的程序（灯光、相对湿度、虫害管理、材料测试等）；面抢救性修复工作的程序；保存方案；安保方案和程序；建筑管理和维护；估价和投保；应急方案。①

博物馆应当在藏品管理纲要中列出保管所有藏品所采用的不同方法。

四、藏品使用

许多博物馆认为在藏品管理纲要中包括"藏品使用"这一部分很有必要。此部分要明确博物馆的主要目标——藏品的使用方式，例如：研究、陈列、展览、出借，以及这些方式将如何帮助博物馆实现自身的目标。此外，还应当明确藏品使用中可能出现的问题。比如，允许观众触摸藏品可能会使易损物品处于危险之中，而一个主动的出借项目可能需要员工花费大量时间进行管理。因此，必须妥善解决藏品使用和预防性保护之间的平衡问题。

五、管理与培训

藏品管理纲要应明确藏品管理的职责所在，并列出针对藏品的保护和管理所制订的员工培训时间表。

---

①罗继尧.博物馆藏品档案管理系统设计与实现[D].哈尔滨:哈尔滨工业大学,2017.

第二节 博物馆藏品清点与登记

一、藏品清点

博物馆在保管和使用藏品时,应当了解自己拥有什么、藏品的现状、藏品的位置、藏品的价值和藏品可以发挥多大的作用。首先,如何才能知道博物馆有什么藏品,以及如何最好地运用这些信息?

术语"藏品清点"或"藏品检查"通常用来表示找到这些藏品的方法。不过,只有在真正知道博物馆需要什么藏品以及为什么需要这些藏品的时候,"藏品清点"方才有用。过去,在并不非常清楚为什么需要或如何使用的情况下,博物馆浪费了许多时间和金钱收集关于藏品的大量数据!对于藏品清点而言,这很容易变得过于复杂。根据经验,分析资料和完成报告所需的时间将会是清点本身所需时间的五倍。①

因此,藏品清点的第一步应当是确定我们想知道什么信息,以及我们将如何使用所获得的信息。

进行藏品清点,可能是因为我们需要:

检查博物馆应该拥有的每一件物品。这是最基本的清点类型,应当每隔几年进行一次。

了解博物馆掌握了多少藏品的相关信息,以便对藏品研究进行更好的规划。

检查藏品的用处,以及藏品对实现博物馆的宗旨能起到多大作用(这种最基本的调查通常被称为"藏品检查")。

了解藏品的老损情况,以便修订预防性保养方案或策划积极的保护项目。

了解绘画的价值和状况,以便规划主动出借项目。

确认藏品能用于新的项目或展览。

确保对藏品的管理符合法律要求。例如:所有珍品是否根据保险合同所列出的要求加以保存?保存大型、重型或难以移动的物品的空间是否配

---

① [英]蒂莫西·阿姆布罗斯,[英]克里斯平·佩恩. 博物馆基础[M]. 南京:译林出版社,2016.

备了恰当的安保设施?

　　了解藏品的获得方式是否违反法律、违背国际公约或职业道德,是否应当将藏品返还其真正的主人。

　　确认那些对特定人群有宗教或其他方面重大意义的物品,确保对这些物品予以应有的尊重确认适合小学生触摸的物品。

　　了解博物馆登记工作的积压情况。多少藏品有编号?它们方便查找吗?

　　藏品清点工作通常需要坚持逐件检查所有的藏品,至少要逐一清点每个储藏架,同时也要检查记录。清点细致到何种程度取决于希望掌握哪些情况和需要解决哪些问题,当然,还取决于有多少专项资金。比如,如果清点目标是确认某位捐赠者在二三十年前捐出的所有物品,那么有可能需要检查每一件物品及其记录;而如果只希望对馆藏白垩纪化石的规模摸个底,看它是否构成了一个有价值的收藏,那么只需数一下有多少个标本抽屉就足够了。一般情况下,并不需要检查每一件物品,而是可以挑选一些样品出来,对其进行细致检查。不过,由于样本选择是一项复杂的技术工作,拥有大量藏品的博物馆可能需要咨询统计专家。

　　藏品清点工作可能涉及要给博物馆收藏的每一件物品或者某一类物品分等级。比如,如果清点是为了检查藏品的现状,那么需要对每一件接受检查的物品进行鉴定,将其分为良好(稳固)、及格(有损伤但稳固)、差(有限使用/不稳固)或不可接受(非常不稳固)。必须确保所有清点人员使用统一的鉴定术语。如果清点目标是为藏品的现状、受威胁程度和价值定级,那么随后可以将相关信息汇总起来,用于制订一份保护计划,以集中各种资源保护遭受最大威胁的、最重要的物品。如果将藏品的现状和风险与其教育价值和作用加以比较,则可以确认哪些物品适合提供给学校使用。

　　如今,指导藏品清点工作的建议很多,在藏品清点技术的发展方面,发挥引导作用的是文保专家。由于博物馆采用的技术方法相对较新,专家们的看法也存在分歧。

二、藏品登记

　　博物馆必须对藏品信息进行管理,以发挥其作用和价值。管理信息的过程被称为"登记"。直至最近,登记仍主要侧重于信息描述和管理。然而,人们渐渐开始期待博物馆发布体现博物馆广泛功能的信息,包括展览信息、文保信息、出版信息和在线活动信息。现在,世界各地的博物馆工作人员逐渐认可了博物馆界的一套标准化登记系统。在很多国家,几乎所有博物馆都采用一套正式的标准。博物馆在引入任何新的登记系统时,必须征询专家意见。如果条件允许,最初的意见应当来自既了解计算机又了解博物馆登记的专家。许多博物馆出现问题正是因为他们的顾问了解信息管理和计算机,却并不了解博物馆藏品登记的实际要求。博物馆藏品的登记和分类极其复杂。如果无法从当地获得良好的建议,国际博物馆协会的藏品登记委员会可以提供帮助。

理想的登记系统通常由七个部分组成。

(一)进入登记

每一件或每一套进入博物馆的物品,无论是捐赠品、购得品、借用品或入馆鉴定的物品,都需要记录在一份有编号的进入登记表上。要清晰明确地用墨水记录下来。登记完成时,捐赠者或卖方等必须在场,需要由他们签名证明记录是正确无误的。如有可能表格需要一式三份:一份给捐赠者或出借者等人作为收据;一份与物品放在一起直至前期过程完成,随后将其放入补充信息档案中或短期借用与鉴定档案中;一份按照条目编号顺序永久地归入条目档案中。

进入登记表格(有时称为存放表格)的作用,在于既承认物品的接收,又保证来自捐赠者的信息不会在做好完整记录之前丢失。这可能包括物品权利归属的信息和背景/解释资料。

在物品上系一个临时标签,上面注明进入登记表的编号。

(二)注册

注册即正式接收所获得的物品进入博物馆收藏。博物馆存放的每一件或每一套物品,无论是捐赠品、购得品、遗赠品还是长期借用品,都需要添加记录在正式的登记簿中。尽管新技术层出不穷,但仍强烈建议博物馆采用纸质登记簿,此登记簿为整个登记系统中最为重要的部分。它具有三项主要功能:赋予每件物品一个专属编号;详细描述每件物品;介绍每件物品的历史和出处。

要使用高品质纸张的登记簿，一定要连续编页。登记簿必须放在安全的地方，最好是置于防火柜中，并且要将副本存放在他处。书写条目只能用可永久保留的黑色墨水。

从同一来源获得的一组物品使用一个永久的登记号。它可以由登记年份加圆点加登记簿中尚未使用的后续号码组成（例如2005.28）。

同一组里的每件物品随后分别编号（例如2005.28.3）。此编号被称为识别码，对于一件特定物品而言是唯一的。

这种由两部分组成的编码系统所具有的优点是：数目庞大的收藏能够立即作为一个整体记录下来，而其中每件物品有待以后再详细描述。有些博物馆使用一套连续的编码系统，即每件进入收藏的物品按顺序得到一个专属编号。

绝大多数物品（硬币除外）应当使用能永久保留的黑色墨水清晰而不唐突地注明编号；纸质品应当用铅笔注明。硬币需要放在硬币封套中，其细节（包括登记号）应当使用能永久保留的黑色墨水写在封套上。

只有当每件物品都有了一个标注永久性识别码的永久标签，并且经过再三确认后，方可取下临时标签。

永久性识别码也要写在条目表格上。

在允许的情况下，因记录需要，应当在此阶段拍摄物品照片。

出于礼貌需要给每一位捐赠者写信表达谢意，同时告诉他们，物品已被博物馆正式接收。

如果物品是赠送给博物馆的，则必须请捐赠者签署书面所有权转让表格，一式两联。上面一联放入补充信息档案，另一联由博物馆馆长签字后交给捐赠者。所有权转让表格（有时也称作捐赠表格）的作用是保证博物馆在有争议的情况下，能够证明其对物品拥有法律上的所有权。因此表格的用语一定要符合所属国家的法律规范。

（三）借用品

只有出于特定的目的，在特定的时间内才能接收借用品，这个特定的时间通常不超过三年。借用品的登记方式与捐赠品相同，使用条目表格。它们不需要注册，但是应当记录在单独的借用工作簿或藏品管理系统的借用模块中。

(四)编目

目录是对博物馆藏品中每件物品全部已知信息的完整记录。博物馆可以保存卡片目录或用电脑程序编目。

卡片目录由单独的卡片组成,一般事先打印好,并按识别码的顺序存放在金属卡片抽屉里,理想状态下,最好存放在可以上锁的防火柜中。

每张卡片均应呈现八类信息:博物馆的名称;注册号;物品的名称及类别;进入方式(捐赠、发掘、购买);来源(捐赠者、卖方);进入日期;物品的历史;地点。

其他类型的信息也有其用途,但以上八类信息通常被认为是最关键的。

卡片应当按照识别码的顺序存档。(以其他任何顺序存放卡片基本上都是错误的。)

补充信息档案(有时被称为物品历史档案)包括和物品相关的所有文档。它含有每件物品的进入登记表格和所有权转让表格,同时也可能含有发票、收据、信件、剪报、文保专家报告、照片、发掘记录以及其他信息。

为了避免混淆,登记中使用的专业术语应当是标准术语。因此,物品的名称必须始终是标准且一致的,而且每家博物馆都需要逐步建立自己的标准术语词库。现在国际上的标准术语整理工作不断推进,许多博物馆将有机会使用一套现成的词库。

(五)索引与检索

管理者可以从卡片目录上获取信息,或者从计算机目录中检索特定类型的物品。博物馆需要知道哪些信息最为常用,以决定设置哪些索引。最常用的索引包括:捐赠者的姓名和细节;类别;地点;来源;创作者。

在人工系统中,每个索引均需制作一套单独的卡片,而计算机系统则允许使用更为复杂的索引。

(六)移动控制

移动控制意味着记录所藏物品在博物馆内和进出博物馆的动态。博物馆的收藏规模越大,拥有一个好的移动控制系统就越显重要。

在最简单的系统中,每次一件物品被永久或长期地移动时,需要在物品的目录卡片或档案里注明移动的日期、谁移动的以及移动到哪里。每次临时或短期地移动物品时,需要将一张替代卡片放在物品原来的位置,说明移动的时间、谁移动的以及移动到哪里。

(七)移出登记

每件物品在移出博物馆的时候,均需进行移出登记。

移出登记表格与进入登记表格相类似,一式两份。其中一份放在出借品档案中直至物品归还,之后永久存放在补充信息档案中。另一份给借用方或接收方。

第三节 合作保护与预防性保护

一、与文物专家合作保护

(一)拟定保护计划

藏品保护是博物馆藏品管理的一个方面,无论从哪个角度来看,这个方面都是最重要的。

藏品是博物馆开展各类活动的主要资源。没有藏品,便没有博物馆。因此,藏品保护是博物馆的核心工作,必须在博物馆的宗旨和组织目标中完全体现出来。无论是博物馆直接聘用的还是通过合同形式引进博物馆的文保专家,在帮助博物馆规划文保需求时都发挥着重要作用。《博物馆基础》首先强调要针对博物馆工作的不同方面制定政策(我们应该如何做),然后制订一个管理或发展计划落实这些政策(我们将如何做)。文物保护计划是博物馆整体发展计划的一个重要组成部分,也是博物馆藏品管理策略和计划的基本组成部分。它将有助于建立藏品保护的合理标准,以及为决定预防性和抢救性保护工作的优先顺序提供框架。[1]

文物保护计划涉及七项事务:建筑检查和维护;储藏方案;在藏品储藏和陈列展览区域监控环境状况的步骤;受过训练的文保人员定期对博物馆藏品进行保护评估;抢救性保护项目的登记步骤;处理火灾、洪水、动乱、战争、地震之类灾害和紧急事件的策略;符合博物馆政策的借用品保护

---

[1]陈卓. 新时代博物馆发展理念的几点思考[J]. 东南文化. 2019(2):113-116.

方针。

文保计划的拟定需要采取怎样的步骤？下列检查清单提供了一些指导，可以根据博物馆的具体情况加以合理利用：首先，确保文保计划与博物馆藏品政策及藏品管理纲要相一致。

博物馆馆长授权建筑检查员对博物馆建筑状况做出书面评估。确认存放藏品的建筑的外壳和构造结构安全，能抵抗恶劣天气。这是一个关键步骤，而且是涉及可持续发展的一个重要方面。

建筑检查员报告博物馆建筑的结构状况及其对博物馆环境的影响，指出有待改善的地方，并提供所需要的资金成本预算。

以这份报告为基础，博物馆馆长授权文保专家完成一份藏品保护的书面报告。

文保专家检查藏品及其现状（可以通过一次藏品清点），进行相对湿度、温度、有害物活动和特定污染的监测项目，同时评估：陈列和储藏区域的环境状况；藏品中物品或标本的保护状况；储藏的方式和用于保存藏品的材料；陈列的方式和用于陈列藏品的材料。

之后文保专家以书面报告的形式向博物馆馆长说明现状，并提出改进所需采取的步骤。报告还要列出改进、补充、配备设施所需的成本和供应方，同时确认需要列入综合藏品报告的由专家针对特殊物品、标本或材料类型提出的补充保护建议。

依据要求，研究专家的补充保护建议。

博物馆馆长综合文保专家报告中的信息和藏品清点中得到的信息，对馆藏物品或标本进行管理评定，确保博物馆意识到本馆藏品的历史价值或科学价值。藏品清点也可邀请其他博物馆或机构的人员提出专门的管理意见，作为对博物馆员工意见的补充。

在上述信息基础上，博物馆馆长结合其他政策（如博物馆的收藏和终止收藏政策），准备一份文保政策的全面说明，提交给博物馆管理机构。其内容包含藏品可预计的存续年限、在此年限中维持藏品环境的能源成本，以及研究和登记政策。说明中还需要解释文保计划和更全面的藏品管理纲要之间的关联。

博物馆馆长与文保专家合作，准备一份文保计划，涵盖内容有：建筑结构所需进行的特殊改造；预防性保护；储藏中所需进行的特殊改造和这些改造的先后顺序;一系列的有效监控步骤,针对建筑维护工程、储藏和陈列区域的环境、藏品保护的能源损耗标准,以及由博物馆所保管的人工制品的控制等;基于保护和管理的双重评估标准之上的馆藏物品/标本的抢救性保护的先后顺序;对员工关于藏品保管的培训安排,比如使用和移动、储藏控制和环境监测。

博物馆馆长在计划中说明资金和总的成本预算,并列出开展各部分工作的进度表。

在博物馆管理机构的指导下,博物馆馆长为进行这项有时间规定的工作寻求必要的基金资助。

博物馆馆长和文保专家为参与预防性和抢救性保护的员工制订工作流程手册,以确保他们理解博物馆的政策方针并遵从统一的管理步骤和标准。

按照文保计划中所列的目标向管理机构定期提交进展报告。

博物馆馆长在此项工作中发挥着核心作用,他们与文保专家和博物馆主要管理人员一起,对确保博物馆藏品的长期安全存放和保护负有全面责任。文保计划是实现博物馆文保目标的强有力手段。

(二)文保专家的作用

中小型博物馆的员工中很少有专业的文保人员。这些博物馆必须与文保专家签订合同,聘请他们进行藏品检查和环境评估,并提供相应的报告,开展藏品抢救性保护工作以及提供文保计划。不同学科领域中受过专业训练的、有经验的文保专家,其数量和所发挥的作用在各国之间有很大的差别。因此,无论是预防性或抢救性的文保工作、文保规划,还是文保研究,博物馆都必须决定如何最有效地获得并利用可用的专业文保服务来满足其需求。

文保计划的制订过程和文保专家的作用前面已有讨论。一旦可能,要聘请文保专家对储藏和陈列区域的环境进行评估。然而,随着有效的员工培训项目和适用的设备投入使用,其他工作人员可以承担这些工作和执行环境监测项目。当然,还是需要一位文保专家根据所商定的进度表来评估他们的工作。

应尽可能由训练有素的专家检查藏品并提供报告。在很难聘请到文保专家的情况下,其他接受过正规培训的工作人员或许可以进行一般性的检查并完成藏品状况报告。博物馆管理者应当聘请文保专家,请他们对员工进行预防性保护方法的培训。

然而,抢救性保护则是另外一回事。此时必须聘请训练有素的文保专家保护或修复物品。如果缺乏技能或者使用不合适的"保护方法",哪怕出发点很好,也会给藏品带来无法挽回的损失。某些类型的手工制品的清洁和保护工作可以在文保专家的指导和监督下进行。应当询问专家,在其监督之下,受过训练的博物馆员工和志愿者可以合法地开展哪些抢救性的保护工作。

文保专家一直在博物馆发挥重要作用,因此有必要与其建立良好的工作关系。文保专家具备特殊的技能,博物馆应高度尊重其工作、意见和专业能力,应尽可能邀请其参与展览、陈列、储藏设施和新建筑的讨论或计划。博物馆也需要寻求文保专家的帮助,开发建立文保信息资源,即与文保相关的书籍/杂志、储藏或陈列材料的供应方、文保设备的供应方、其他专业文保人士的姓名/地址,以及培训员工的资源。

为馆内或临时聘请的文保专家设立工作项目时,博物馆馆长或管理人员需要拟定一份细致的书面简报和一份工作项目进度表。项目应当是前面所讨论的文保计划的成果之一。双方应就简报和进度表达成一致意见,并且在合同框架下开展工作。

二、预防性保护

预防性保护的目标是确保博物馆藏品以可持续的、防止损坏或老化的方法进行陈列、使用、储藏和维护,并尽可能保存在稳定的环境中。通过良好的预防性保护和环境管理,可以在相当程度上缓解藏品的老化,但并不能完全阻止这一过程,而且绝大多数材料所发生的变化是不可逆的。抢救性保护使用可逆的技术修复损坏或老化的藏品,而有效的预防性保护则能降低博物馆对抢救性保护的需求。

预防性保护是可持续发展的一个重要方面,它在竭力避免进行昂贵而复杂的抢救性保护,或至少是减少将来可能需要进行的抢救性保护。因此,可以将预防性保护视为一种保险政策,省下未来需要支付的费用。预防性保护和适当的安全设施结合起来,可以保证藏品长期保持良好的状态。

在很多情况下,预防性保护是一项基本常识。博物馆在履行藏品保管的基本责任时,必须意识到预防性保护是首位的、最重要的。

保管藏品是博物馆的重要职责,博物馆的所有成员必须认识到预防性保护的益处及其在可持续发展方面的价值。博物馆馆长需要采取富有技巧的沟通方法,说服博物馆主管机构优先考虑藏品的管理。保护计划的重要作用是阐释预防性保护的要求和益处。

在当今世界,各种类型及规模的博物馆均优先考虑预防性保护资金的投入。由于越来越认识到有效的保护能减少博物馆的长期成本(资金和人力两方面),博物馆管理者在争取预防性保护的投入时便拥有了宝贵的论据。

三、预防性保护与培训

不同类型的藏品当然需要不同形式的保管。例如,适合储藏金属制品的方式并不一定适合储藏织物或照片。因此,博物馆管理者和负责藏品的保管与使用的工作人员应当接受培训,以了解不同类型藏品的特殊保管需求。他们必须清楚储藏和陈列中使用的不同材料对博物馆藏品的影响,以及不同藏品在光线、温湿度方面应该满足的特殊要求。

博物馆员工必须接受如何妥当地触摸或搬动藏品的特别训练。不当的操作、包装和运输是藏品损坏的主要原因,如果因这些方面的疏忽造成藏品物理上的损坏,则没有任何借口可以推脱责任。

常规性的保护包括:①确保所有员工掌握预防性保护的原则和实际操作;②确保储藏和陈列区域保持稳定的相对湿度和温度,且适合不同类型的物品和标本,同时考虑保护需求和节约能源之间关系的平衡;③确保光线亮度适合所陈列的物品;④检查储藏和陈列所用的材料,如木头、织物、油漆、黏合剂、塑料和橡胶等,确认它们不会损害物品和标本;⑤保持储藏区域的干净、整洁和有序;⑥保证存放藏品的箱子有足够的空间,防止物品的挤压和磨损;⑦禁止叠放物品或将一件物品套在另一件物品上;⑧将所储藏的物品和存放容器抬离储藏区域的地面,以防淹水;⑨在不需要进入的时候,保持储藏区域没有光照;⑩确保藏品储藏在安全的区域;⑪仅在遵循专业意见的情况下清洁物品和标本;⑫定期检查藏品,防止虫害等;⑬尽量避免触摸或移动藏品,在不得已的情况下,必须佩戴合适的手套;⑭在员工或访问者以研究和学习为目的调查藏品的时候,提供合适的设备;⑮限制有权触摸藏品的人数;⑯在靠近藏品的任何区域内禁止抽烟、饮食。

第四节 环境监测与控制

一、环境监测与控制:光线

光线是长期保管藏品的最大威胁之一,会对博物馆藏品造成严重的损害。光线是一种能量形式,能使物品的颜色消退,造成制作材料的老化。在整个可见光的光谱中,对物品的伤害程度从红色到紫色逐渐增加;相比紫色光线,紫外线的辐射会造成更严重的损害。虽然金属和陶瓷的受损程度小于其他材料,但几乎所有的博物馆物品或多或少都受到光线的影响。有机材料往往比非有机材料对光线更为敏感。有些材料对光线极其敏感,每一步保管工作都要尽可能减少其曝光程度。对由不止一种材料制成的物品,需要采取特别的保护措施。[①]

虽然不可能完全消除自然光或人造光带来的危害,但可以通过以下方式减少危害:①减少物品的光照时间;②更换展品,减少其暴露在光线下的总时间;③将照明降至可保证观众或员工舒适观看的最低强度;④消除紫外线辐射。

(一)光线强度

无论强弱,任何光线都会对藏品造成损害。强烈的光线在一年内造成的危害大约等于其十分之一强度的弱光在十年内造成的危害。光线的强度由曝光表测量得出,其度量单位是勒克斯。不同类型的博物馆物品所推荐的最高照明强度范围在50—200勒克斯之间。50勒克斯是被广泛接受的普通观众仔细观看展品所需要的最低光线强度。针对不同的材料类型,推荐使用下列的光线强度:

50勒克斯——服饰、织物、水彩画、挂毯、家具、版画和素描、邮票、手

---

①李凯. 博物馆库房环境控制系统设计探讨与实践[J]. 安徽建筑,2018,24(06):262-264.

稿、明信片、票证和其他短时效物品、微缩模型、墙纸、染色的皮革与大多数自然历史和民族学物品。

200勒克斯——油画/蛋彩画、未染色的皮革、漆器、木头、角、骨头和象牙、石头。

应当定期监测所有藏品陈列或存放区域的光线强度。博物馆员工必须接受培训,掌握适当的设备测量光线强度,同时需要保留测量记录用于分析趋向,在需要时采取正确的行动。所有的博物馆都应该配备测量光线的设备并定期使用。

当博物馆的展厅陈列采用日光照明时,很难而且一般不可能将照明强度降低至200勒克斯。对于那些光线强度要求不高于50勒克斯的物品,日光照明过于强烈且变化过大,所以需要采用人工照明。

在设计和使用展厅及存放藏品的其他空间(如研究设施、储藏空间和文保实验室)时,需要牢记光线强度。根据所照物体的材料特性,将人工照明和日光照明相结合,并用各种方式加以控制。这样,博物馆就能够灵活使用照明,满足藏品保护的要求和节约能源的目标。在物品保护的需要(完全的黑暗)与观众舒适观看的需要(足够的光线)之间,博物馆不得不妥协,这种妥协也要考虑到藏品预计的生命期。

博物馆可以单独或组合使用许多方法,从而降低光线强度。

(二)简单经济的方法

博物馆闭馆时,关闭陈列和展览区域的照明。

当库房和其他藏品存放区域没有员工进出时,关闭这些区域的照明。

安装并在博物馆闭馆时使用窗帘、百叶遮光板、遮光器。

将展品搬离窗户附近,避免日光直接照射。

陈列柜/显示屏远离日光强烈的区域。

陈列柜安装屏障或遮挡。

减少灯泡数量和降低灯泡瓦数。

给房间/柜子里的灯安装调光器或开关。

封闭窗户。

(三)较复杂昂贵的方法

安装光电池自动控制遮光板。

柜灯或陈列区域安装时间控制开关。

安装感应器,在观众靠近物品或进入空间时打开照明。

在照明系统上安装柔光板。

窗户上安装"灰色"或光感玻璃。

很多博物馆考虑通过使用LED照明减少能源的消耗成本。LED灯(LED灯泡)是使用发光二极管(LED)作为光源的固态灯。LED灯可以用在办公室和其他一些不放置藏品的区域,但是一般不用于陈列和展览。在给一些对光不敏感的物品照明时,LED灯是低耗能的选择,但仅适用于物品的色彩差异不影响欣赏的情况下。有些文保专家认为LED灯对所有光敏物品均具有潜在的破坏力,而且无法支持色彩的准确识别。因此,需要谨慎看待与藏品相关的LED灯照明问题,除非新技术的发展和新的研究成果足以保证其安全。

(四)紫外线

光中的紫外线特别具有破坏性,必须使用紫外线吸收过滤器来消除紫外线。日光和荧光灯会散发高强度的紫外辐射。白炽灯不需要紫外线过滤益,但是碘钨灯(石英碘)必须要和普通的滤光器一起使用,以消除其散发的短波长紫外线。紫外线的强度用紫外线监控器测量,以微瓦每流明($\mu W/lm$)的单位测量紫外线与光的比值。如果紫外线强度超过75微瓦每流明,则被认为是超出了光敏物品的承受程度,必须安装紫外线吸收薄膜或玻璃对紫外线进行屏蔽。可采用以下方法:

使用层积玻璃紫外线过滤器。

使用丙烯酸/聚碳酸酯薄膜。

窗户或陈列柜玻璃上涂紫外线吸收透明膜。

窗户或陈列柜玻璃上涂聚酯薄膜。

白炽灯管外加塑料滤光套。

博物馆需要咨询文保专家和制造商,以找到最合适的保护材料。市面上的日光屏蔽膜并不都能达到博物馆的标准,需要检查有效期和制造商保证的持续时间。所幸,如今已经可以运用现代科技手段消除紫外线辐射对博物馆物品造成的破坏。与其他环境控制方式相比,在窗户上和人造光源前使用紫外线滤光膜相对便宜,而且对藏品保管而言至关重要。

(五)光的热辐射

大多数的光散发热量。博物馆需要防止白炽光装置过于靠近物品。白炽光产生的热量对于敏感材料中的水分含量有负面影响,且表面受热会造成裂纹和断裂。因此光源和各类装置都要尽可能安装在陈列柜之外,以避免热辐射。光纤照明则较为安全。同时还要注意避免闪亮的聚光灯直接照在光敏材料上,因为这会造成局部的热量聚集和破坏。

(六)保护建议

关于博物馆的照明方式和不同活动所需要的光线强度,应尽可能征询专业的文保建议。博物馆在减少能源消耗方面的压力越来越大,与此同时,市面上出现了很多新的照明技术。博物馆在选择时需要保持谨慎,因为很多新技术(如某些LED灯)并不适用于陈列和展览。文保专家可以为博物馆在陈列、研究和储藏区域采用怎样的照明系统提出最合适的建议。

二、环境监测与控制:湿度和温度

湿度和温度是影响博物馆藏品老化速度的关键因素。与光线一样,控制它们对于确保藏品的长期安全保存至关重要。这两种因素以不同的方式影响不同种类的材料,而博物馆管理者必须确保藏品始终处于合适的陈列和储藏环境。

(一)相对湿度

相对湿度是空气中水汽压与饱和水汽压的百分比。相对湿度较低意味着环境干燥,因为此时的空气能够吸收湿气。当空气潮湿,不能进一步吸收湿气时,则出现较高的相对湿度,例如雨天。相对湿度通过湿度计测量得出。

不同的相对湿度对博物馆藏品的老化速度产生影响。相对湿度必须要稳定在适合不同类型材质藏品的范围内。相对湿度的变化会引起博物馆藏品中有机物体积的变化,例如木头、皮革、纺织品、象牙、骨骼和纸张。这些变化会造成材质的膨胀或收缩,给藏品带来不可挽回的损失。如果环境潮湿(相对湿度超过65%),有机材料也很有可能受到霉菌/真菌的侵袭。较高的相对湿度对金属制品也有负面影响,会造成腐蚀。对所有的金属制品而言,相对湿度越低越好。

在储藏和陈列空间,博物馆必须尽力保持恒定的全年相对湿度。一般情况下,相对湿度不应高于60%或低于40%,混合材质的藏品应当稳定在50%至55%之间。在一些旧建筑物中,水蒸气会在此相对湿度区间内凝结,所以相对湿度应保持在45%至50%之间。然而,鉴于不同类型藏品材质上的区别,博物馆需要注意通常合适的相对湿度范围并不一定适用于特定情况。气候不同对相对湿度的要求也有变化,不能因为物品适应当地的环境就不做调整。因此博物馆需要考虑藏品的特殊需求和能源消耗、当地气候和藏品预计保存时间之类的其他因素,决定其所能允许的陈列和储藏空间的相对湿度数值。

当然,比较可行的方法是为特殊材质的藏品提供小环境或可控性更强的区域,对许多热带地区的小型博物馆而言,这可能也是实际可行的解决方法。在很难维持博物馆所有空间相对湿度合适的情况下,这是一个有效的方法。

在某些国家,博物馆应当意识到物品已经适应了其长期所在的特定环境,如果过于迅速地进入另一特殊控制的环境当中,可能会遭受不可挽回的损害。在考虑向其他博物馆出借藏品时,这尤其重要。

(二)温度

通过温度计测量的温度是影响相对湿度的一个重要方面,这是因为空气的最大含水量随着温度的升高而增加,随着温度的降低而减少。温度的变化也有可能会造成生物性/化学性老化的加速。

博物馆藏品不需要高的温度。一般情况下,对于混合材质藏品的陈列而言,18℃(上下浮动2℃)是一个可以接受的温度;对于储藏区域而言,15℃是合适的。然而,与相对湿度一样,博物馆需要认识到,鉴于不同类型博物馆藏品材质上的区别,通常合适的温度范围并不一定适用于特定情况。因此博物馆需要考虑藏品的特殊需求,以及能源消耗、藏品预计保存时间之类的其他因素,决定其在陈列和储藏空间中所允许的温度水平。

(三)博物馆环境控制

一定要定期记录相对湿度和温度,这可以反映博物馆环境控制的情况和出现的问题。在需要检查环境状况的地方,应当分别安装湿度计和温度计。最好使用电子湿度计定点检查状况,并不断校准记录设备。这些温湿度记录仪以表格的形式将每周或每月的温度和湿度记录下来。仪器应当放置在所有需要测量的陈列和储藏区域。小型测量仪或记录带也可以用于陈列展柜中环境的监测。

更为复杂的陈列和储藏区域监测系统可以与一台中央计算机连接。相关软件可以详细、系统地分析一段时间内的相对湿度和温度变化趋势。

然而，博物馆管理者一定要意识到，无论简易还是复杂，监测系统和程序的使用并不是最终的结果。它们是改善博物馆环境状况所应采取的所有行动的基础。它们提供客观的证据以支持所有环境改善的提案。

（四）预防措施

1. 设备

现在有多种多样控制相对湿度的方法。在潮湿或干燥的区域里，可使用由湿度调节器控制的专门设备加湿或除湿。季节变化会极大地影响到环境。在一些国家，首先考虑安装长期供暖或制冷系统，以保证全年温度处于恒定的状态。此系统应配备一系列独立的温度调节器，调节温度以适应博物馆不同区域中的藏品。

不同博物馆之间环境控制的标准差别很大，这取决于可用的资源。至少，博物馆应当尽力防止过高或过低的相对湿度，并避免湿度的突然变化。较高标准则要求全年持续的湿度控制。仅仅简单地依靠制暖系统来控制湿度水平是不可能的。有可能需要使用独立的装置，如过于干燥情况下的加湿器或过于潮湿情况下的除湿器。对规模较小的博物馆而言，使用一整套空调系统在能源消耗方面过于昂贵，如果出现故障，相对湿度会骤然升高或降低，这肯定会危害藏品，同时也不符合可持续发展的要求。

2. 控制措施

在资金有限的情况下，博物馆要随机应变。例如，在天气良好的时候，可以打开窗户帮助室内通风，将温暖的空气引入潮湿或寒冷的空间，但是在空气污染很严重的时候应避免这样做，尤其在城市或沙漠地区。也可以使用风扇让空气流通，而使用人工加热可以让潮湿的环境变得干燥。不可使用石油炉或煤油炉，因为它们挥发出的气体对藏品有害。如果相对湿度太低，建议在陈列或储藏区域的不同地方放置装有潮湿棉絮和杀真菌剂的托盘。

3. 其他的基本预防措施

其他的基本预防措施可以包括：

对负责监测和报告陈列和储藏区域环境状况的人员进行培训。
按照维护日程定期维护设备和环境控制系统。
所有物品均不能直接放在地面上,以防潮湿。
注意加热器或聚光灯引起的局部高温所带来的危险。
所有的物品不能靠近建筑外墙,以防水汽凝结。
提供足够的空间,让空气自由流通和适当通风。
确保博物馆储藏和陈列区域的供暖系统正常运转(如果博物馆和其他机构共用一栋大楼,情况会比较复杂)。

若无妥善的看管和控制,不要在陈列和储藏区域大量用水,即便是出于清洁的目的。

三、环境监测与控制:空气污染与有害动植物侵害

空气污染和有害动植物是造成博物馆藏品损坏或老化的原因之一。与光线和相对湿度一样,关键是控制它们,以确保藏品的长期安全保存。博物馆管理者必须了解它们对藏品安全的潜在威胁,保证对陈列和储藏区域的环境进行定期监测。

(一)空气污染

空气污染主要与城市和工业相关联,多由燃料的燃烧造成。质量不同的灰尘微粒在空气中流动,以不同的方式根据各自的密度沉降。

博物馆外空气中的灰尘微粒包括煤烟和焦油物质。它们通常因吸收二氧化硫而呈酸性,尤其是发电站或车辆引擎使用的燃料。它们含有微量金属,例如铁,会对藏品造成损害。灰尘和污垢的微粒吸收空气中的水汽和酸性物质,一旦它们和博物馆藏品接触,会引起有害的化学反应。在空气被污染的地方,金属制品的腐蚀是个特别的难题。

其他形式的空气污染源自郊区和沙漠地区的尘土或沙尘暴;沿海地区空气中的盐会对金属制品带来严重的腐蚀;气态污染与微粒污染一样,是由工厂、汽车、机器、发电站和化工厂的燃料燃烧造成;地毯和窗帘之类的博物馆装饰材料也会带来污染。

典型的城市空气中含有:20%的氧气;78%的氮气;二氧化碳;水蒸气;氩;污染性气体。

危害性最大的污染气体是:二氧化硫;三氧化硫;臭氧;氮氧化物。

位于城市、工业区或其他危险地区的博物馆,最好购买空气过滤或调节系统。由于这些系统比较昂贵,很多博物馆没有能力购买,因此必须通过其他方式解决污垢和灰尘问题。博物馆藏品上的污垢不仅有碍观瞻,而且需要清洁以避免藏品损坏或老化。如果清洁污垢的方法不正确,会给藏品安全带来一定的风险。不能通过掸、拂等方式为藏品除尘。

要在文保专家的指导下清洁不同类型的藏品,且应当与博物馆的文保和藏品管理计划相结合,并列入博物馆的培训项目中。

基本的预防措施包括:

尽可能避免将藏品陈列于开放的空间。

使用制作精良的防尘陈列柜。

将藏品包在不含酸的绵纸中,放入封闭的储藏空间或带盖子的盒子内。

大件藏品使用防尘罩。

尽可能或最好将门窗关闭和密封。

博物馆的公共区域和员工区域应尽可能保持干净。

清洁博物馆区域时,使用真空吸尘器而非掸子。

(二)有害动植物侵害

有害动植物尤其是啮齿动物的侵害,对博物馆而言是一个特殊的问题。啮齿动物的控制相对简单,但要彻底铲除其巢穴仍需得到专业公司的帮助,应该寻求安全稳妥的建议,不要忽视传统的控制有害动植物的方法。例如,博物馆养猫会是减少啮齿动物问题的一种便宜而简单的方法!啮齿动物不仅会损害博物馆物品,尤其是有机材料制品和自然历史标本,而且会咬破包装材料、文件和电气线路。尤其是储藏区域,一些昆虫的控制更为复杂。所有的有机材料,尤其是木头,在进入博物馆之前一定要先检查昆虫滋生的情况。众所周知,昆虫特别难杀死,尤其是在公共展厅等只能进行"安全"控制的地方。

通常是幼虫损害物品,但在其进入成虫期之前,不一定会被发现。不同的昆虫侵袭留下不同的迹象。例如,活跃的木蛀虫留下一堆堆的木屑,而侵袭自然历史标本的昆虫会损毁鸟的羽毛或使哺乳动物的毛发掉落。在许多国家,白蚁是很大的威胁。杀灭昆虫需要专业的建议并定期实施控制项目。

处理甲虫和蛾子的化学专利产品种类较多。可以将这些产品用惰性的衬垫吸收后，作为预防措施放在展示柜和储藏区域。深度冷冻大约是控制昆虫的最安全的方法。可能有必要通过烟熏藏品来杀死虫卵或幼虫，但这是一个危险的方法，因此合适的设备和安全保护至关重要。无论采用何种方法，必须遵守当地的法规和健康安全条例。

为避免藏品受损，要保持高度警觉，并进行定期检查。在所有的保护措施中，预防胜于治疗，而防止有害动植物破坏的最佳方法是定期、彻底地清洁博物馆的每个角落。

第五节 材料测试

陈列或储藏用的材料需要谨慎选择。有些材料可能便于使用或看起来吸引人，但是会给博物馆藏品带来物理或化学方面的严重损害。所有陈列柜和储藏柜/架必须用惰性材料制作，特别是今后可能用于重新摆放其他藏品的柜/架。如有疑问应征询文保专家的专业建议。

一、化学方面的损害

在空气中挥发并释放出化合物的材料是损害博物馆藏品的主要元凶之一。在如陈列柜或储藏柜之类的封闭而狭窄的空间中，材料挥发的气体会迅速地积累到非常严重的程度，对藏品有很大的影响，金属特别容易被侵害，并会迅速地腐蚀。

因此，材料在使用之前必须经过检查和测试，以确认制造商提供的产品适合博物馆。如果使用不合适的材料，除了浪费资金，还会使藏品处于危险之中或遭受无法挽回的损害。尤其需要确认：制造商在前期测试之后未曾擅自改变产品的成分。

另外，还必须指出：在高温或高相对湿度的情况下，化学方面的损害会更加严重。

二、需要注意的问题

(一) 木材

所有木材都会产生对物品有害的气体,其中有些种类的伤害程度更高。未干透的木材会产生更多的气体。相较而言,伤害程度较轻的木材包括桃花心木、非洲白木和完全干透的软木,伤害程度较高的包括橡木、栗木和花旗松木。

复合板材——再生纸板、胶合板、硬质纤维板,会散发出有机酸性气体,而且它们的黏合剂也产生气体。这些黏合剂通常是甲醛类树脂,会使金属失去光泽和破坏含蛋白质的材料——皮革、羊毛、毛皮和骨骼。船用胶合板和耐风化胶合板所使用的黏合剂通常释放的甲醛较少,所以使用起来更为安全。

为了将木材树脂气体的威胁最小化,木材一定要以合适的油漆或清漆封口。此举并不能完全阻止气体的释放,铝箔之类的不渗透膜可以作为补充密封材料。记住:必须密封复合板的边缘,因为边缘释放的气体比表面更高。

(二) 织物

羊毛纺织品和毡制品中有含硫化合物,会使金属变得晦暗。它们也会吸收空气中的湿气。纤维素材料——棉布、亚麻、粗麻,不会产生这个问题,很安全,可以使用。然而,由于纤维素材料已被染色,而且有些染料中含有硫,因此,需要文保人员在使用前对材料进行测试。

(三) 漆

油漆在其干燥过程中会产生有机酸性气体,因此必须确保油漆完全干透,而且气味消失。乳状漆也需要充分干透。陈列柜最好少使用油漆,应尽可能用安全的织物密封并覆盖木材。

(四) 黏合剂

许多人工合成的黏合剂有复杂的化学配方,应当避免这些黏合剂靠近藏品。在使用之前需要向文保专家寻求建议。

(五) 塑料/橡胶

聚乙烯泡沫塑料和聚乙烯板的性质稳定,可以用作陈列柜中的衬板和嵌板。稳定的聚酯纤维可以用作档案材料的封袋,也可以用作包装材料。必须避免使用聚氨酯或橡胶类的材料。橡胶不稳定,在不利条件下可能会老化。

(六)与藏品接触的材料

不使用普通的油灰状黏性物质修补藏品或纸张,会染色并产生污点。

不使用橡皮筋附着标签或固定藏品。橡胶容易老化并黏在物品上面。

不使用金属别针或金属线与金属藏品接触,因为会产生侵蚀。可以使用塑胶棒、尼龙线或尼龙绳。

不使用金属别针接触纸张、纺织品、皮革、骨骼或有机湿润的材料,因为金属别针侵蚀污染藏品和材料。

如有疑问,应联系文保专家和制造商/供应商。在需要时进行测试,确保自始至终使用合适的材料。

第六节 储藏原则与实践

一、储藏原则

在许多博物馆,大批的藏品很可能被储藏起来而非用于陈列,因此与陈列空间相比,需要更多的储藏空间。博物馆的储藏设施没有固定的法律规范,很大程度上取决于藏品特性和混合程度,以及藏品的收藏、陈列、展览和使用政策。

在多数情况下,博物馆对藏品的储藏往往考虑不周、处置不当。博物馆馆长的一项主要责任就是确保博物馆拥有合适的储藏设施和正确的储藏方法,并且所有藏品的储藏都符合博物馆藏品管理政策。储藏藏品的标准应与陈列藏品一样,这是博物馆可持续发展的关键因素。

高质量、组织有序、管理得当的藏品储藏会提高博物馆的整体效率,从长远看还能节约资金。这样做不但保证藏品得到可靠安全的保管,而且降低了员工查看藏品的开支。同样,妥善的藏品储藏向潜在的捐赠者和赞助者表明:捐给博物馆的物品会以可持续发展的方式得到保管。[1]

(一)储藏设施和系统

以下列出有关储藏设施和系统的若干原则。

各类储藏设施均需置于安全适用的建筑中,此建筑可以是专为储藏目的而建的,也可以是经过改造的。

人们在安全移动藏品时需要足够的空间。总体而言,储藏设施需要将空间最大化,避免藏品或人移动时过于拥挤或产生危险。

需要有可以扩展的空间,以收藏更多符合博物馆收藏政策和项目计划的物品。

照明系统必须满足文保标准,并适用于所储藏物品的材质。

需要控制环境状况,使其满足各类储藏品的需求,并定期监测。

需要制订所有物品的进入、存放和移出以及审核和盘点的归档系统和步骤。

需要制订满足健康和安全要求的触摸和移动藏品的步骤。

需要定期进行文保和安全评估。

未经授权的人员不允许进入储藏设施。

必须书面拟定登记人员和陪同观众进出储藏区域的步骤。

必须书面拟定按照时间表的规定维护湿度调节器或温度调节器之类设备的实施步骤。

储藏架系统和柜橱的大小应适合放置藏品,并有可调节的搁架。

储藏架/搁架系统可以是独立的单元,也可用滚轴系统连接,将有限的空间最大化,并确保安全。

在任何一个储物设备(盒子、搁架、柜橱、滚轴架)的外侧贴上该设备所容纳或装载的物品的列表,以方便查找和进行安全检查。此举还有助于防止不必要的查找而可能导致的设备损坏,并可成为藏品进入、存放和移出登记系统的一部分,在藏品清点工作中发挥作用。

(二)库房中藏品的开放

越来越多的博物馆正在探索新的方式,在符合博物馆访问和参与政策的情况下,为观众创造接触库房中藏品的机会。不同国家的博物馆正在使

---

[1] 王壮. 馆藏文物储藏柜隔震体系效能研究[D]. 绵阳:西南科技大学,2020.

用不同的方法,例如：

推动藏品数字化建设,以不同的方式将藏品的数字化信息放到网上。

开展各种各样的活动项目,为观众提供有限制地参观藏品库房的机会,让他们看到博物馆是如何保管其收藏的,并了解库房中的藏品是如何为学习、研究和展览服务的。

设计新的储藏室,通过"开放参观"活动,将库房里的一部分藏品呈现给观众。储藏室的设计和呈现方式与展厅陈列和临时展览形成对比。储藏室展示给观众的是用于设计陈列和展览的"原始材料",有助于他们了解藏品,满足研究、参考等不同用途。

从库房中挑选出一些藏品,放置在"富余物品"学习中心。在正式或非正式的教育项目或一般的博物馆参观中,观众可以学习并触摸这些物品。

以更为密集的布展方式陈列从库房中取出的物品,并使用计算机将物品的信息诠释给观众。

在重新考虑常设陈列和临时展览区域之间的平衡时,博物馆越来越重视临时展览,以使库房中的藏品可以定期轮换展出。

从库房中选取物品包装后放入"学习箱"或"回忆箱",提供给馆外机构用于研究和回忆。这些机构包括学校、"老人之家"和医院,以帮助博物馆发展新的观众。

通过馆际合作,以各自库房里的藏品为基础设计巡回展览。有时,可以邀请公众进入库房考察藏品,挑选他们认为有意义且可用于展览的物品。

所有这些方法反映出博物馆正在努力让观众接触到库房中的藏品。博物馆要能够证明自己合理使用了藏品的管理与维护费用。以上这些促进公众使用藏品的方法能够提供有力的证明,并充分展现了收藏的价值和积极管理藏品的重要性。

二、储藏实践

(一)储藏大件和重型物品

1.要点

与所有藏品的储藏一样,储藏大件和重型物品需要考虑以下要点：

有一处为储藏目的专门建造或经改造而成的、安全的、可持续使用的合适建筑。

设计和布局能确保实际使用和访问。

能够控制和监测环境状况。

建立关于物品进入、存放、移出的登记档案,设计藏品清点的系统和步骤。

制订操作步骤,提供合适的起重设备。

定期进行文保评估。

但是,大件和重型物品有一系列需要考虑的特殊因素,将在下面进行讨论。

2.用作储藏的建筑

用于存放大件或重型物品,如工农业藏品、交通藏品、纪念碑或建筑物,或是用于储藏考古发掘出的骨骼、陶瓷等大批藏品的建筑物一定要安全、不受天气影响,有电力供给良好而适度的光照。

博物馆中的大多数藏品可存放在净高5米或6米的建筑内,能在起重机或叉车帮助下将物品从货车上卸下。如果建筑内有柱子,可接受的最小整体空间是大约4米见方。进出的藏品必须与建筑完全等高,宽不能少于4米。

出于卸载和移动的需要,主要通道之外一定要有与地面平齐的混凝土平台或车辆停靠台。这样更重的物品可以在建筑外面卸下,然后通过绞车移动或牵引至内部。在地面固定系缚点连接牵引装置很管用。只能存放在户外的大件物品必须有防水油布或罩子保护。无论何种天气,最好尽可能将所有物品存放在建筑物内。如果放置在户外,即便是在露天工作的大型机械,其各部件也会遭到损坏。沿着建筑边沿搭建的遮蔽披棚或许可以保护那些不得不存放在户外的大件物品。

3.环境状况

为存放大件物品的库房创造合适的环境是十分复杂的工作。一定要提供足够的供暖或除湿设备来确保避免冷凝,否则即使用了防锈剂,金属制品还是会生锈。湿度过低或相对湿度不稳定会破坏大件木质或其他混合材料物品。稳定的环境条件应当是相对湿度保持在50%至55%之间。

藏品库房自始至终都要尽可能保持干净。混凝土地面需要密封,以避免产生混凝土粉尘,物品应盖有防尘罩。但是,不可使用聚乙烯薄膜,因为它很容易造成冷凝现象。

4.藏品保管

储藏大件和重型物品所需的设备包括各种各样的机械操作系统。在有可能的情况下,物品应该放置在木质托板上,储存在载重架上,并可以通过叉车或液压升降器移动。应当始终强调健康和安全。在举起和移动重型物品时,一定要非常仔细地计划和实施,以避免博物馆员工受到伤害。

尽可能将工业物品或机械重新装配起来。机器部件很容易放错地方或损坏。因此,比起许多散落的部件,机器整体存放更容易。许多大件和重型物品因为错误的操作会遭到严重的破坏。又大又重的物品并不意味着结实!尤其是大件的石质和木质物品,要比看起来更容易破碎。操作和储藏的每一步都要非常小心,以避免不牢固的部分受压。

在博物馆建筑中存放或移动大件和重型物品时,如机械、石头、雕塑、绘画、装木乃伊的箱子、家具等,操作要非常仔细,并要有稳固的支撑。

(二)储藏小件和轻型物品

1.要点

在储藏小件和轻型物品方面,需要遵循以下要点:

有一处特别建造或经改造而成的安全、合适的建筑。

设计和布局能确保实际使用和便于访问。

提供合适的移动设备,如手推车。

制订操作步骤,并按要求培训员工。

监测环境状况,并将其控制在合适的标准之内。

定期进行文保评估。

制订关于物品进入、存放、移出的登记档案,设计藏品清点的系统和步骤。

2.金属物品

铁制品理想的储藏环境是40%或更低的相对湿度,然而对于混合材料的物品或混合藏品,50%至55%的相对湿度可以接受。如果相对湿度过高,铁制品将被腐蚀,因此一定要在普通的储藏区域中提供合适的小环境,为其存放创造良好的条件。

地下或水下考古发掘出的铁制品通常会无法辨认,只有通过X射线,其功能或形态才会变得明确。所以关键在于谨慎对待所有的铁制品。铁制品必须存放在惰性材质的容器中，并用不含酸的棉布或惰性泡沫之类的包装材料包好，以防止其在储藏容器中发生移动。

与铁制品一样，为了避免腐蚀，铜合金或青铜制品必须保存在相对湿度较低的环境中，相对湿度应尽可能为40%或更低。其他金属物品，如银、铅、金，一定要存放在惰性塑料或金属的盒子或容器中。干硅胶是一种干燥剂，可以放在储藏容器中，有助于小范围内相对湿度的控制。它吸收空气中的湿气，帮助实现环境的平衡。为了对物品提供良好的保护，制造商应提供所需硅胶量的具体细节。

3.陶瓷物品

应尽可能少触碰所有的陶瓷物品，操作时要特别谨慎。陶瓷物品应以正常的竖立姿态摆放在安全、无尘的柜橱中，每个搁架只可放置一排。如果空间不允许，可将小一些的物品放在大一些物品的前面。不要拥挤地存放陶瓷物品，在松手或关闭柜门时应始终保证有足够的空隙。不能将一个杯子或碗叠在另一个上面，同时不能将太多的盘子叠成一摞。在堆叠盘子的时候，在盘子之间使用折叠的保护薄绵纸或惰性泡沫或纸。要尽可能将陶瓷物品存放在有轻薄材料垫衬的搁架上，将任何摆动或震动最小化，并固定衬垫，使其几乎不会横向移动。

4.民族学收藏

民族学收藏的物品很复杂，通常由有机材料制成，例如皮革、兽皮、皮毛、玻璃、木头、毛皮、羽毛或贝壳等。这些物品除了都对相对湿度的变化敏感外，还容易受到有害动植物的侵害。相对湿度应尽可能保持在50%至55%之间。物品如果存放在搁板上，应尽量保证空气自由流通，以抑制真菌的滋生，同时力求周围的环境无尘。对于大多数民族学藏品而言，最好的包装材料是不含酸的保护薄绵纸。这些物品应置于不含酸的储藏盒里。不要试图强行将物品放入过小的容器中。

5.绘画

储藏绘画最常见的问题是拥挤地堆放、叠放，以及较小的移动空间。坚固安全的木质或金属置物架应当垫衬惰性材料，以减少画框破碎或损坏的风险。需要小心处理，确保绘画表面没有与玻璃或有机玻璃接触。绘画或者画框可以挂在有滑动功能的储藏架上。这样的储藏架虽然昂贵，但只要绘画安全地固定在架子上,并有良好的支撑,那是一种上佳的储藏解决方案。将绘画挂在架子上或从架子上取下来的时候需要特别小心,因为绘画连同画框和玻璃的分量会重得出乎你的意料。

水彩、版画和素描对环境的变化和光线特别敏感。最好将它们平放在盒子或抽屉里储藏,并用不含酸的绵纸垫衬。一定要使用专门为这些物品设计的不含酸的储藏盒。在可能的情况下,应当先将水彩、版画和素描的画框剥离,然后再进行存放。

6. 自然历史收藏

与绘画一样,必须避免将此类藏品过于拥挤地放置或叠放在储藏容器里、搁架上或者橱柜中,以防藏品受损。因此,鸟类或兽类标本要放置在搁板上,且要留有足够的空间。同时,在储藏这些标本的盒子中必须填充足够的、不含酸的薄绵纸。

昆虫、蝴蝶或蛾子之类供研究用的藏品需要专门进行储藏,应征询经过专门训练的文保人员的建议。特别要注意在储藏区域定期检查有害动植物,以防它们侵害自然历史标本。

7. 纺织品

纺织品可以分为两类——平面的和立体的。平面的纺织品包括织锦、挂毯、地毯、家用亚麻织品、床罩、窗帘、旗帜和横幅、刺绣和饰带。立体的纺织品包括服装、配饰和室内装潢。

平面纺织品应当在托盘或不含酸的盒子中平放,每件物品之间用不含酸的绵纸间隔开。如果物品过大,可以将其卷在硬纸管或塑料管上。硬纸管是酸性的,必须先用铝箔和不含酸的绵纸包裹。卷好后,纺织品要用预先洗过的白棉布或质地细密的棉织物包裹起来,用宽的带子扎好。各卷应当在架子上悬挂存放,而非一个个地叠放。

立体纺织物应当挂在预先准备好的、垫衬过的衣架上,且罩上棉质保护罩,放置在柜橱中,四周留有足够的空间。更为脆弱的物品,以及鞋帽之类的服饰配件,建议存放在用不含酸的薄绵纸垫衬的盒子中。室内装潢物品,例如椅子、沙发、屏风,应用质地细密、预先洗过的棉布罩好,以防污垢和灰尘。纺织类藏品的保护非常耗时,因此保护费用高昂,但好的储藏将有助于防止损害的发生和减少所需的抢救性保护。

8.摄影收藏

摄影照片和底片必须封入优质的、不含酸的纸袋、封套或包装中,放在盒子里,置于搁架上或收入储藏柜。幻灯片最好放在不含酸的纸袋里,然后收入柜中纵向排列的文件夹内。玻璃板底片一定要单张装入中性纸材质的封套,然后纵向放在坚固的、不含酸的盒子内。不要在一个盒子里装太多的玻璃板底片,因为它们特别重。

9.电子信息物品

计算机磁盘、录音带和录像带的存放之处必须远离电磁辐射源。

10.玻璃收藏

与陶瓷制品一样,玻璃物品不宜过于拥挤地摆放在搁架上,并且不能相碰。不要将小物品放在较大物品的内侧,当搁板上摆放了一排以上的物品时,必须始终确保小物品放在前端。玻璃断片必须用不含酸的薄绵纸或泡沫塑料支撑垫衬好,存放在盒子里。在处理或移动玻璃尤其是断片的时候,一定要特别小心。

11.地质标本

存放地质藏品的容器所用的材料必须事先经过测试。人们普遍误以为地质藏品稳固耐久,其实不然。橡木柜橱会释放有机酸性气体,对碳酸盐类的标本产生影响。石墨标本会被复合板和盒子里散发的乙酸和甲酸腐蚀。因此在存放标本时,一定要注意包装和收藏中使用的材料。

不当的操作或不合适的包装通常会损害地质标本。标本应当放置在托盘中或超过其高度的醋酸纤维盒内,这样就能轻柔而稳当地固定好标本,不会相互碰撞或摩擦。不含酸的薄绵纸可以用作补充包装材料。柜橱中抽屉的尺寸应当保证即便在装满标本时也可以轻易地抽出拿起。

第七节 操作、包装和移动物品

博物馆物品受到的伤害大多来自不当的操作、运输或储藏,这是令人遗憾的事实。除了操作不当会损害物品,在操作和移动的过程中,物品暴露在更多的危险之下。因此,自始至终应尽可能少地操作或移动馆藏的各种类型、尺寸的人工制品或标本。

在操作、包装和移动物品之前,需要进行评估和计划。本节设计的检查清单有助于发现并解决与操作、包装和移动各类型物品相关的问题。

一、需要记住的一般要点

在操作或移动不同类型的物品之前,了解其特点和特殊要求。

因研究、运输、重新存放、陈列等需求接触一件物品时,只允许指定人员操作。

任何时候均不得允许其他人员,如志愿者、学生或研究人员,在没有明确指导和监督的情况下接触藏品。

移动物品时,必须遵守博物馆的档案登记管理流程。

接触人工制品时,操作人员必须佩戴合适的手套,避免手指或双手留下残余物,同时避免受到物品上化学残留物的伤害。

操作或移动物品时注意力必须集中;不要交谈,不要用一只手写字、打字或接电话。

在操作或移动物品时必须穿防护服和防护鞋,比如棉质实验服、工装裤、有钢铁护趾的工作靴,并佩戴质地坚硬的帽子。

在靠近人工制品或自然历史标本的地方,坚持使用铅笔而不是墨水笔。

在靠近人工制品或自然历史标本的地方,不饮食或抽烟。

了解并执行相关的健康和安全规定。

二、研究中

应在干净整洁的工作台、办公桌或区域使用物品。使用特定类型的人工制品,应在工作台表面加上衬垫。

确保合适的光照亮度和光源。

为避免发生事故,不能越过一件人工制品去触碰或拿取另一件。

不能将一件物品或标本堆放在另一件的上面。

质量轻的物品很容易被碰翻,例如玻璃或陶瓷,所以必须采取预防措施,需要时可以用垫子缓冲。

不能在无人照看的情况下将物品留在储藏容器之外,例如工作台上,即使时间再短也不行。

在拿起易碎品的时候,不能只抓住边缘或把手等不牢固的地方,而是要使用双手紧抱住物品。

对光敏感的物品不要使用闪光灯拍照。

三、储藏中

保持储藏空间的整洁有序,避免搬运或移动物品时发生事故。

确保在需要时有人为你开门,而不是在搬运物品时试图自己开门,或者临时将物品放在地上以后开门。

不把物品放在一处通常不放藏品的地方。

确保有足够的人手,或者有合适的可以提供帮助的设备,例如手推车、液压升降装置、运送带或玻璃升降机。

在可能或可行的情况下,使用手推车,避免徒手搬运。

不要将抽屉、存储盒或容器装得过满,过多的重量难以提起或会造成滑动。

保证物品放置在有足够空间的搁架上或盒子、容器中,避免物品之间发生摩擦。

物品在研究或陈列之后归还库房时,一定要放回正确的位置。

使用双手提举物品。

一次搬运一件物品、一个抽屉、一只盒子。

不要将物品相互堆叠着搬运。

搬运较小的物品时,使用垫衬好的容器或篮子。

四、包装和运输

为了运输而包装意味着物品会移动、摆动和震动,因此要仔细保护,减缓震动。尽可能让有经验和受过训练的技术人员来包装和运输物品,在不确定的情况下应征询专家意见。

在可能的情况下使用检测过的惰性材料,例如不含酸的薄绵纸或储藏盒包装、存放物品。

在移动一件立体的人工制品时,保证其后面和侧面拥有良好的防护。

在移动物品时,确认物品的边角已做好保护。

在运输中将所有物品附上"易碎品/此面朝上"的标识,并在容易受伤害的部分附上红色警示。

在博物馆物品运输和特殊包装方面，可以找到不少有用的信息。博物馆管理者应当充分认识到操作、移动和运输物品时，可能要面对的全部风险。

只有提前做好周密的计划和充分的准备，才能将风险降至最低程度。如果没有悉心的保管，在操作或移动物品时缺乏深思熟虑和小心谨慎，那么物品将很容易受到损害。博物馆管理者必须确保物品操作人员充分了解操作的步骤和面临的风险，这方面至关重要，一定要对员工进行定期的培训。

第八节 抢救性保护

一、原则

抢救性保护是制止物品状况恶化、确保其以稳定状态留存下来的方法。文保人员拥有特殊专长，他们已经掌握或者通过培训，详尽了解一件物品的制作过程及其物理状况。他们的工作是运用所有可行的方法分析一件物品是否需要处理，如果需要，则以正确、适当的方法加以处理。文保人员会尽可能使用可替换的材料和可逆的方法。

不同材质的物品要使用不同的文保处理方法，而且抢救性保护会耗费大量的时间和资金。如今，在进行处理之前，文保人员会使用非常复杂的新技术、新设备检查和分析物品。经过昂贵的抢救性保护处理之后，物品必须恢复到支持其长期陈列或储藏的健康状态。因此，需要同时进行抢救性保护和预防性保护。

当一个抢救性保护项目立项时，文保人员应向博物馆提交执行该项目的时间进度表和资金预算表。实验室工作启动之后，文保人员在合适的条件下对物品进行检测，此时可能需要在项目申报阶段的数据基础上，调整时间进度和资金预算。

文保人员开展的所有抢救性工作都必须留下详细的记录，包括照片，而且记录副本应与保护过的物品一同归还博物馆。如果将来需要开展进一步的保护工作，这些记录保留了物品"文保历史"上重要的环节。博物馆的藏品档案系统中必须建立前后参照的部分,这样在必要时可以方便地找到一件物品的全部工作记录。①

藏品管理员和文保人员必须在抢救性保护的整个过程中紧密合作。文保人员有必要掌握待处理物品的详细信息,而物品保护工作也非常值得藏品管理者加以关注。抢救性保护过程中的每个步骤或许都会揭示出很多关于物品制作的特征和物品使用的历史信息,可以大大加强藏品管理保护方面的工作。

保护还是修复?

博物馆员工必须理解"保护"和"修复"这两个术语之间的差别。在有些国家,保护与修复的过程基本无法区分。但是区别很重要。抢救性保护的目的是力图中止物品状况的恶化并将其稳定下来,而修复的目的是将一件物品尽可能复原至其本来面貌。在博物馆工作中,如果确有必要且达成共识,例如为了陈列某件重要的物品,那么在完成保护工作之后会接着对物品加以修复。

不同物品采取不同方法。如果需要修复,与抢救性保护一样,必须关注细节。过度修复一件物品会破坏其历史和审美价值。修复通常需要藏品管理人员和文保人员仔细比较研究相似类型的其他物品,而且修复所使用的方法必须始终是可逆的,以便将来出现新技术或新的研究发现时,可以对修复的物品进行修正或改变。在修复过程中,必须详细记录并完整登记、保存使用的方法和步骤,待到工作完成时将记录副本提交博物馆。

保护和修复之间的关系通常难以平衡。比如,一些交通工具或农业机械类物品,如果需要陈列或演示其工作状态,可能需要进行全面的修复。文保人员、修复师和博物馆都应该明白一件物品需要修复到什么程度,并告知公众。

文保人员接受了高强度的专业训练,承担了大量的工作。在未经监督的情况下,博物馆员工不得进行任何抢救性保护工作,因为这样做总是会给藏品带来损害。

如果博物馆没有聘用专职的文保人员,而又希望开展专业的抢救性保护,那么在挑选馆外专家时,要以其经历、资质和从事的工作类型为基础。

---

① 木拉提·司马义. 博物馆文物的保护与修复研究[J]. 文物鉴定与鉴赏,2022(01):56-58.

要咨询其他博物馆,了解他们得到的服务质量如何,并去文保专家的工作地点拜访,与他们讨论工作和可以提供的档案记录或照片。

在开展保护项目时,最关键的是要与文保人员建立良好的工作关系。

二、实践

概括地说,只有经过专门训练、经验丰富的文保人员才能对博物馆藏品进行抢救性保护。如果由未经训练或未经监督的个人进行抢救性保护,所有的物品,无论种类或大小,都会遭受很大程度的损害。博物馆管理者必须防止此类事件的发生。实践中往往会出现这样一种情况,即本是良好的意图,却导致博物馆物品无法挽回的损坏。例如,清洁方法或材料可能使用不当,黏合剂中的化学成分对材料产生有害的影响,或者造成不可逆转的物理上的损坏。

博物馆藏品的范围极其广泛,在实践中,不同类型的物品和材料有不同类型的保护需求。如此大范围的保护需要大量的专业知识,而几乎没有哪位文保人员能拥有涵盖所有专业领域的知识储备。

技术是一个关键因素。在很多领域中,比如那些在生产和制造纺织品、木器、机械或交通工具方面技艺高超的工人可能是保护或修复此类物品的最佳人选,但修复工作必须始终在文保人员和博物馆管理者的监督之下进行。

没有接受过文保训练的人员可以从事有限的、基础性的藏品保护、维修和修复工作。博物馆管理者必须始终与文保人员一起,明确规定这些人可以做什么和不可以做什么。当然,必须事先让他们充分了解到此类工作存在哪些限制,打消他们的疑虑,使他们明白:向博物馆管理者咨询意见比在处理藏品时犯错要好。一旦博物馆出台相关程序的指导方针,他们就可以在专业人员的监督指导下,完成更多有价值的工作。

即便有好的过程方案,使用未经训练的员工和志愿者还是会存在风险。尤其是在处理容易损坏的物品时,例如纺织品、陶瓷制品、玻璃制品、钟表或绘画,如果方式失当,可能会造成不可挽回的损坏。很多"业余"文保人员不一定清楚他们会造成怎样的破坏。有些工序表面上看起来简单明了,比如清洁和抛光,但是受过训练的人知道,除非坚持使用合适的材料和方法,否则藏品会遭受到长期的损害。因此,专业的帮助和指导是必不可少的,同时应该定期开展讨论,因为新方法总是层出不穷,而人们需要不断了解这些信息。

文保技术、方法和材料一直在发展。文保专家将会提出与博物馆藏品管理计划相吻合的可行性建议,帮助博物馆妥善地处理藏品,跟上时代前进的步伐。

博物馆肩负着藏品保管的主要责任。如果得不到受过专业训练的文保专家的指导,不要去尝试保护或修复一件物品。

参考文献

[1]陈卓.新时代博物馆发展理念的几点思考[J].东南文化.2019(2):113-116.

[2]莫西·阿姆布罗斯,克里斯平·佩恩.博物馆基础[M].南京:译林出版社,2016.

[3]顾雪飞.博物馆的展陈设计策略:以云南省博物馆新馆为例[J].艺术品鉴.2020(32):123-124.

[4]郭译阳.现行国家博物馆定级评估工作研究[D].南昌:江西财经大学,2013.

[5]李峰,崔林浩.博物馆展陈设计的表现形式研究[J].美术大观.2018(7):96-97.

[6]李馥颖.博物馆陈列展示中民族文化的探索与研究[D].沈阳:沈阳理工大学,2008.

[7]李凯.博物馆库房环境控制系统设计探讨与实践[J].安徽建筑,2018,24(06):262-264.

[8]李凯华.设计美学与展陈设计[M].长春:吉林美术出版社,2019.

[9]刘捷.博物馆文物藏品数字图像的版权保护[D].兰州:兰州理工大学,2019.

[10]刘野.论博物馆展品陈设设计与发展[J].现代装饰(理论).2015(1):131.

[11]罗继尧.博物馆藏品档案管理系统设计与实现[D].哈尔滨:哈尔滨工业大学,2017.

[12]木拉提·司马义.博物馆文物的保护与修复研究[J].文物鉴定与鉴赏,2022(01):56-58.

[13]王娟.博物馆展陈设计的形式与空间布局研究[J].艺术品鉴.2021(15):120-121.

[14]王奇志.博物馆个性化发展的思考[J].文博学刊,2020(01):54-56.

[15]王壮.馆藏文物储藏柜隔震体系效能研究[D].绵阳:西南科技大学,2020.

[16]现代博物馆陈设与博物馆发展[M].北京:中国商务出版社,2019.

[17]杨晓燕.国内历史类博物馆藏品分类现状调查[D].郑州:郑州大学,2017.

[18]宜昌博物馆.宜昌博物馆馆藏金属文物保护修复报告[M].北京:文物出版社,2021.

[19]赵鹏.论博物馆当代陈列设计形式[J].文化月刊.2018(8):148-149.

[20]浙江文物年鉴编委会.浙江文物年鉴2013版[M].杭州:浙江古籍出版社,2016.

[21]浙江文物年鉴编委会.浙江文物年鉴[M].杭州:西泠印社出版社,2018.

[22]周千仟.博物馆陈列空间的展示设计研究[J].文艺生活.2020(35):210-211.

[23]周欣.博物馆如何通过展陈设计有效表达展览主题信息[J].文化创新比较研究.2019,3(24):129-133.